LIBRAIRIE DE P. CHAUMAS, LIBRAIRE-ÉDITEUR,

Seul Dépositaire, pour le port de Bordeaux, des Cartes marines du Gouvernement,

54, COURS DU CHAPEAU-ROUGE, A BORDEAUX.

CODE ANNOTÉ

DES

SOCIÉTÉS DE SECOURS MUTUELS

RECUEIL COMPLET

DE LA LÉGISLATION ET DE LA JURISPRUDENCE QUI RÉGISSENT
CES ASSOCIATIONS DANS L'EMPIRE FRANÇAIS,

par

M. Oscar DEJEAN,

Ancien magistrat,

Président des Sociétés de secours mutuels de Saint-Jean d'Illac
et de Saint-Joseph d'Arcachon (Gironde);
Honoré de la médaille de bronze et de la médaille d'argent accordées par l'Empereur
pour services rendus à l'institution
des Sociétés de secours mutuels, etc., etc.

———

TROISIÈME ÉDITION.

1 vol. in-18. — Prix : un franc cinquante centimes.

———

Voici en quels termes l'auteur lui-même explique le but qu'il s'est
proposé en écrivant cet excellent ouvrage : « Une expérience de tous
les jours, — dit M. Dejean, dans sa préface, — nous a depuis longtemps démontré que beaucoup de personnes qui s'occupent des Sociétés de secours mutuels, qui en font partie, soit comme sociétaires,
soit comme membres honoraires, ou même qui les dirigent avec beaucoup de zèle et de dévouement, ne connaissent que d'une manière
très-imparfaite la législation et la jurisprudence applicables à ces
sortes d'associations. Elles sont ainsi fort souvent arrêtées par des
difficultés dont elles ignorent les solutions, ou parfois s'écartent
involontairement des règles salutaires tracées par le législateur.

» Cet état de choses est évidemment très-nuisible à la marche
régulière comme au développement des Sociétés mutuelles; il peut
entraîner des conséquences fâcheuses, faire naître de sérieux embar-

ras. C'est pour y remédier que nous voulons, en livrant ces quelques pages à la publicité, rendre facile une étude aujourd'hui si nécessaire.

» Réunir les lois, décrets et arrêtés ministériels relatifs aux Sociétés de secours mutuels, les faire suivre de toutes les notes explicatives susceptibles d'en préciser le sens et la portée, indiquer la jurisprudence adoptée, en la puisant dans les circulaires ministérielles et les décisions judiciaires, tracer enfin la marche à suivre lorsque des contestations s'élèvent entre les Sociétés et leurs membres participants : tel est le travail auquel nous nous sommes livré, et que nous offrons à tous les membres des Sociétés de secours mutuels de France, comme un gage de sympathie et de confraternité. »

Ce livre est, en effet, *indispensable* à toutes les personnes qui s'occupent, à quelque titre que ce soit, des Sociétés de secours mutuels et, à plus forte raison, à celles qui en font partie, soit comme membres honoraires, soit comme sociétaires ou membres participants.

DIVISION DE L'OUVRAGE.

Bordeaux. — Imprimerie de J. Delmas, rue Sainte-Catherine, 159.

EN VENTE CHEZ LES ÉDITEURS

TRAITÉ THÉORIQUE ET PRATIQUE DE L'ACTION RÉDHIBI... dans le commerce des animaux domestiques, contenant la législation, la doctrine et la jurisprudence sur la matière, la définition des maladies, l'explication détaillée des règles de la procédure, ... traité complet de tous les actes nécessaires, etc. Traité-type ... 1 vol. in-4 cartonné à l'anglais. ....

Toutes leur ouvrages sur vins, Sommaires! Caractères réconnu... vaux, etc., par les méthodes herbières, par J. Déjean, maître de chai à Bordeaux. 1 vol. in-8 (avec figures)..............

De la Culture des Vignes, de la Vinification et des Vins, axes de l'Alcool, par A. d'Armailhac; 1 vol. in-8 (avec planches). 3e édition. ....

Traité sur les Vins de Médoc et les Actions. Vins rouges et ....

CODE ANNOTÉ

DES

SOCIÉTÉS DE SECOURS MUTUELS

CODE ANNOTÉ

DES

SOCIÉTÉS DE SECOURS MUTUELS

RECUEIL COMPLET

DE LA LÉGISLATION ET DE LA JURISPRUDENCE QUI RÉGISSENT CES ASSOCIATIONS

DANS L'EMPIRE FRANÇAIS

PAR

M. OSCAR DEJEAN

Ancien magistrat

Président des Sociétés de secours mutuels de Saint-Jean d'Illac
et de Saint-Joseph d'Arcachon (Gironde) ;
Honoré de la médaille de bronze et de la médaille d'argent accordées par l'Empereur
pour services rendus à l'institution
des Sociétés de secours mutuels, etc., etc.

TROISIÈME ÉDITION

BORDEAUX

P. CHAUMAS, LIBRAIRE-ÉDITEUR

FOSSÉS DU CHAPEAU-ROUGE, 34.

1866

AVANT-PROPOS

Une expérience de tous les jours nous a, depuis longtemps, démontré que beaucoup de personnes qui s'occupent des Sociétés de secours mutuels, qui en font partie, soit comme sociétaires, soit comme membres honoraires, ou même qui les dirigent avec beaucoup de zèle et de dévouement, ne connaissent que d'une manière très-imparfaite la législation et la jurisprudence applicables à ces sortes d'associations. Elles sont ainsi fort souvent arrêtées par des difficultés dont elles ignorent les solutions, ou parfois s'écartent involontairement des règles salutaires tracées par le législateur.

Cet état de choses est évidemment très-nuisible à la marche régulière comme au dévelopment des Sociétés mutuelles ; il peut entraîner des conséquences fâcheuses, faire naître de sérieux embarras. C'est pour y remédier que nous avons voulu, en livrant ces quelques pages à la publicité, rendre facile une étude aujourd'hui si nécessaire.

Réunir les lois, décrets et arrêtés ministériels relatifs aux Sociétés de secours mutuels, les faire suivre de toutes les notes explicatives susceptibles d'en préciser le sens et la portée, indiquer la jurisprudence adoptée en la puisant dans les circulaires ministérielles et les décisions judiciaires, tracer enfin la marche à suivre lorsque des contestations s'élèvent entre

les Sociétés et leurs membres participants ·
tel est le travail auquel nous nous sommes livré,
et que nous offrons à tous les membres des Sociétés de secours mutuels de France comme un
gage de sympathie et de confraternité.

———·✕·———

Pour rendre promptes et faciles les recherches que l'on aura à faire,
nous avons placé, à la fin du volume, outre la table ordinaire, un INDEX
ALPHABÉTIQUE de toutes les matières que nous avons traitées. On y
trouvera, à leur lettre et par ordre chronologique, les lois, décrets,
arrêtés ministériels, arrêts du conseil d'État, décisions ministérielles, etc., contenus dans l'ouvrage.

NOTE DE L'ÉDITEUR.

———

La première édition du *Code annoté des Sociétés de secours mutuels*, publiée en 1861 et épuisée dans l'espace de quelques mois, a été honorée d'une souscription de 400 exemplaires par S. Exc. M. le Ministre de l'Intérieur, qui a reconnu l'utilité de propager cet ouvrage. La deuxième édition a paru en 1862; elle est également épuisée depuis longtemps. Nous sommes heureux de pouvoir en offrir au public une troisième édition, revue avec soin par l'auteur et mise au courant de la législation.

P. Ch.

CODE ANNOTÉ

DES

SOCIÉTÉS DE SECOURS MUTUELS

CHAPITRE Ier.

NOTIONS PRÉLIMINAIRES.

————

1. Considérations générales sur les Sociétés de secours mutuels et historique de la législation qui les concerne.

L'origine des associations ayant pour objet l'assistance mutuelle remonte à la plus haute antiquité. En traversant les siècles et se succédant sans interruption jusqu'à nos jours, les *hétairies* grecques, les *sodalités* romaines, les jurandes, les *ghildes* scandinaves et germaniques, la franc-maçonnerie, le compagnonnage, les corporations d'arts et métiers, les confréries enfin, ont insensiblement, et dans des proportions diverses, contribué à faire naître les Sociétés de secours mutuels de l'époque actuelle, qui, mieux appropriées que leurs devancières à nos habitudes et à nos mœurs, « apparaissent — a dit avec raison M. Hubbard — dans l'histoire de la civilisation comme un produit nécessaire du travail des siècles. »

Cette dernière forme de l'association et de la mutualité, malgré l'extension qu'elle a déjà prise, malgré les éclatants services qu'elle a rendus et qu'elle rend tous les jours, n'est encore cependant qu'à ses débuts, et elle est susceptible d'acquérir un développement dont on ne saurait mesurer l'étendue. « Nous sommes dans l'enfance de la mutualité; nous bégayons nos premiers mots; nous ne hasardons que nos premiers pas; il y aurait témérité à imposer d'avance des limites aux tentatives de l'avenir. » C'est ainsi que s'est exprimé M. le vicomte de Melun, dont la compétence en pareille matière ne saurait être contestée.

Une immense carrière d'expansion et de progrès s'ouvre en effet devant les Sociétés de secours mutuels. Elles la parcourront avec honneur et profit, si elles sont bien comprises et sagement administrées; si, d'une part, elles ne négligent aucun des nombreux moyens dont elles peuvent user pour augmenter leur bien-être, étendre le cercle de leur action bienfaisante, améliorer la condition morale et matérielle des sociétaires, et, d'un autre côté, si elles ne compromettent pas leur avenir par des expériences trop hasardeuses ou une générosité en désaccord avec les sacrifices imposés à leurs membres. « Plus que personne — dit M. Émile Laurent, dans son remarquable ouvrage sur le *Paupérisme et les Associations de prévoyance,* — plus que personne, nous avons foi dans l'avenir des Sociétés mutuelles et dans leur expansion indéfinie; plus que personne, nous sommes certain que chaque jour verra éclore dans leur sein une nouvelle et féconde application

du principe d'association et de réciprocité; mais
plus que personne aussi nous croyons à l'absolue
nécessité des bases rationnelles, à l'inanité des pro-
messes en disproportion avec les sacrifices, à la
nécessité de ne jamais considérer que comme tout
à fait accessoires les concours extérieurs. »

Que tous les hommes de cœur et d'intelligence se
mettent donc à l'œuvre pour propager les Sociétés
de secours mutuels, améliorer celles qui existent,
éviter aux unes les mécomptes inséparables d'entre-
prises téméraires, réveiller les autres de leur en-
gourdissement et de leur apathie, signaler à toutes
les écueils contre lesquels elles risqueraient de se
briser, les guider dans la voie du progrès, et facili-
ter à ceux qui les dirigent l'accomplissement de la
tâche laborieuse qui leur est dévolue!

Désireux, pour notre part, de concourir, autant
qu'il nous sera possible de le faire, à cette œuvre
si éminemment utile, nous voulons, dans ce petit
livre, mettre à la portée de tous, mais principale-
ment des Sociétaires eux-mêmes, la législation qui
régit, en France, les Sociétés de secours mutuels de
toute espèce.

Bien que l'existence de ces précieuses institutions
soit déjà ancienne, c'est seulement depuis une quinzaine d'années qu'on s'occupe d'elles d'une manière
spéciale. Auparavant, on les connaissait à peine :
ignorées du plus grand nombre, elles ne profitaient
qu'à quelques rares associés, et le Gouvernement,
s'il n'entravait pas leur marche, ne faisait du moins
que fort peu de chose pour leur venir en aide.

La première loi dans laquelle on les voit figurer,
est celle du 22 juin 1845, sur les caisses d'épargne, qui les admettait à verser jusqu'à 6,000 fr.

avec possibilité d'élever leur crédit jusqu'à 8,000 fr. par l'accumulation des intérêts (1).

Mais cette loi, qui n'avait pour objet que les opérations des caisses d'épargne, ne s'occupait des Sociétés de secours mutuels à aucun autre point de vue; et, en l'absence de toute espèce de législation particulière, ces Sociétés se trouvaient confondues avec toutes les autres associations, et soumises comme elles à l'application rigoureuse des art. 291 à 294 du Code pénal, modifiés et complétés par la loi du 10 avril 1834.

Ainsi les Sociétés de secours mutuels ne pouvaient se créer qu'après avoir *préalablement* obtenu l'autorisation du Gouvernement. Leurs statuts étaient soumis à l'administration supérieure, qui examinait d'abord si, sous le voile de la bienfaisance et de la mutualité, ne se cachait pas l'existence d'une société secrète; puis, s'assurait que l'organisation morale et financière de l'association réunissait les garanties de durée nécessaires, et qu'enfin elle n'avait rien de contraire aux lois et règlements sur la liberté du commerce et de l'industrie. A ces conditions, la Société était autorisée à se former.

La révolution de Février 1848 vint totalement changer cette situation. Implicitement abrogés par la proclamation du droit des citoyens de se réunir et de s'associer, les art. 291 à 294 du Code pénal et la loi du 10 avril 1834 cessèrent complètement d'être appliqués : les Sociétés de secours mutuels se réunirent alors, et même se constituèrent, en

(1) Cette disposition a été reproduite dans l'art. 4 de la loi du 30 juin 1851, que nous donnons ci-après, chap. III, section 2.

toute liberté. Bientôt le fait de cet affranchissement
fut reconnu comme un droit. Le décret du Chef du
Pouvoir exécutif du 28 juillet 1848, qui restreignait
la liberté des clubs, consacra celle des associations
mutuelles, et le Ministre de l'intérieur, dans sa
circulaire du 31 août 1838, donna aux Préfets les
instructions suivantes : « Jusqu'à la promulgation
du décret précité, les Sociétés de secours mutuels
ne pouvaient s'établir sans l'autorisation ministérielle; mais aujourd'hui, ces Sociétés se trouvent
implicitement comprises dans l'exception de l'art. 14
du décret, et demeurent libres de toutes formalités
préliminaires. Elles ne sont même pas soumises à
l'action de l'autorité municipale, à moins qu'elles ne
soient l'occasion de réunions habituelles; dans ce
cas, ce serait non les Sociétés, mais les réunions
qui devraient être déclarées comme le prescrit l'article précité. Le département de l'intérieur n'ayant
donc plus à s'occuper des Sociétés de l'espèce, vous
devez cesser à l'avenir de m'en soumettre les statuts.
Toute intervention de la part de l'administration,
relativement aux dites Sociétés, serait désormais
contraire à la nouvelle position que le décret du 28
juillet leur a faite. »

La déclaration pure et simple des jours de réunion
était donc la seule obligation imposée aux Sociétés;
elles pouvaient d'ailleurs se fonder sans demander
aucune espèce d'autorisation, avant ni après leur
établissement, et le Gouvernement n'avait même
pas le droit de dissoudre celles dont l'existence était
dangereuse pour l'ordre public, sans avoir préalablement obtenu contre elles une condamnation judiciaire. Ce système, aussi large que possible, était
certes de nature à provoquer, et il provoqua en effet,

la création d'un grand nombre d'associations nouvelles; mais il ne suffisait pas de se constituer, il
fallait pouvoir vivre, se maintenir et prospérer. L'organisation, l'administration journalière, le régime
intérieur des Sociétés, révélaient hautement la nécessité d'une réglementation légale : elle ne se fit
pas longtemps attendre.

Dès le mois de mai 1848, le Comité chargé par
l'Assemblée constituante de rechercher les moyens
d'améliorer la condition des travailleurs, avait confié
à neuf de ses membres le soin d'examiner la question
des Sociétés de secours mutuels, et, le 19 février 1849, un projet de loi avait été présenté par
M. Ferouillat, au nom du Comité; mais la dissolution de l'Assemblée constituante ayant eu lieu quelques mois après, ce projet ne put être discuté.

Aussitôt qu'elle fut réunie, l'Assemblée législative
s'empressa de renvoyer à une nouvelle commission
l'étude des propositions qui avaient été faites à sa
devancière. De son côté, le Gouvernement demanda
leur avis aux chambres de commerce, aux sociétés
d'agriculture, aux chambres consultatives des ma-
nufactures, aux conseils de prud'hommes, aux préfets et enfin aux hommes les plus versés dans les
mathématiques et les combinaisons financières. Le
résultat de tous ces travaux fut porté devant l'Assemblée, qui, sur le rapport de M. Benoist d'Azy,
vota la loi du 15 juillet 1850.

Lorsque cette loi fut promulguée, les Sociétés de
secours mutuels jouissaient, nous l'avons déjà dit,
d'une liberté absolue quant aux droits d'association
et de réunion. Le législateur n'avait donc à leur
accorder que les droits civils dont elles avaient besoin pour acquérir une existence durable et pros-

père. C'est là ce qu'il fit, en subordonnant toutefois à l'adoption de quelques règles salutaires, les nombreux avantages dont il les gratifiait.

L'art. 11 de la loi portait qu'un règlement d'administration publique déterminerait divers détails dont l'Assemblée n'avait pas cru devoir s'occuper. Cette prescription a été remplie par un décret du Président de la République, en date du 14 juin 1851.

La reconnaissance comme établissement d'utilité publique est la première obligation imposée aux Sociétés de secours mutuels qui veulent jouir de tous les priviléges accordés par la loi du 15 juillet 1850. Mais les conditions et formalités que l'on a dû exiger pour cette reconnaissance sont évidemment hors de la portée de la majeure partie des Sociétés; il en est d'ailleurs bien peu qui aient besoin d'avantages aussi étendus. C'est ce double motif qui, sans aucun doute, fait qu'il n'existe, dans toute la France, que sept Sociétés reconnues comme établissement d'utilité publique, et que, dans ce nombre, il n'y en a qu'une seule qui ait été reconnue sous l'empire de la législation nouvelle.

Nous venons de voir que le décret du 28 juillet 1848 avait donné aux Sociétés de secours mutuels une entière liberté. La loi du 15 juillet 1850 n'avait apporté d'autre modification à ce régime, pour les Sociétés privées, que le droit accordé au Gouvernement de les dissoudre, le Conseil d'État entendu, et l'obligation imposée aux Sociétés de fournir, à la fin de l'année, l'état de leur situation morale et financière. Un décret du 25 mars 1852 vint abroger celui du 28 juillet 1848, et remit en vigueur les art. 291, 292 et 294 du Code pénal, 1, 2 et 3 de la loi du 10 avril 1834. Toutes les associations mutuelles, autres que celles reconnues comme établissement d'utilité publique, se trouvèrent ainsi replacées sous l'empire de la législation antérieure à la révolution de 1848.

Mais le lendemain, 26 mars 1852, un second décret fut rendu (1). Inspiré par des idées plus pratiques que ne l'avait été la loi de 1850, ce décret institua, sous la dénomination de *Sociétés approuvées*, une nouvelle forme d'associations mutuelles, accessible à toutes les Sociétés, et qui leur confère des droits civils suffisants pour se développer et pour assurer leur avenir.

Nous examinerons, en les reproduisant, toutes les dispositions de ce texte important; bornons-nous à constater ici que les Sociétés cherchent de plus en plus à se placer sous son égide. Chaque jour d'anciennes associations demandent à être approuvées, et le nombre de celles qui ne le sont pas a considérablement diminué pendant ces dernières années. Quant aux sociétés qui se forment actuellement, voici dans quels termes s'exprime, à leur égard, la Commission supérieure d'encouragement et de surveillance des Sociétés de secours mutuels, dans son rapport à l'Empereur (année 1859) : « Sauf quelques rares exceptions, qu'explique d'ailleurs le caractère particulier de certaines associations, toutes les Sociétés qui se fondent aujourd'hui récla-

(1) Aux termes de l'art. 58 de la Constitution, tous les décrets rendus par le Président de la République depuis le 2 décembre 1851 jusqu'au 29 mars 1852, jour où les grands Corps de l'État furent constitués, ont *force de loi*. Les deux décrets des 25 et 26 mars 1852, que nous venons de citer, sont dans cette catégorie.

ment les bénéfices du décret de 1852, et il faut s'en applaudir dans l'intérêt bien entendu de la mutualité. Outre la protection et les ressources que les Sociétés doivent à l'approbation, elles y trouvent un avantage d'une extrême importance. Dès le début, par le fait seul de l'approbation de leurs statuts par le Préfet, formalité qui n'entraîne ni longs délais, ni conditions difficiles, elles acquièrent une personnalité légale qui leur permet de faire tous les actes nécessaires à leur bonne administration : d'acquérir, de posséder, de placer en leur propre nom, en un mot, d'être, aux yeux de la loi, les propriétaires de leur fortune. Cette situation, intermédiaire entre la simple tolérance et la reconnaissance comme établissement d'utilité publique, suffit complétement à la sécurité, à la prospérité de leur existence, sans soulever les graves questions, sans nécessiter les longues formalités qui rendent si difficile, pour les autres institutions d'assistance et de prévoyance, l'obtention de la reconnaissance légale. »

Le 22 janvier 1852, une somme de dix millions avait été allouée aux Sociétés de secours mutuels, et le Ministre des finances fut autorisé, le 27 mars suivant, à aliéner des bois de l'État pour affecter le produit de cette vente au payement des allocations précédemment accordées. Deux décrets impériaux, l'un du 28 novembre 1853 et l'autre du 24 mars 1860, ont fixé les règles à suivre pour le placement de la dotation appartenant aux Sociétés mutuelles et pour la délivrance des subventions à leur accorder.

La loi de 1850 avait interdit aux Sociétés de promettre, à leurs membres, des pensions de retraite :

elle voulait éviter qu'un excès de générosité ame-
nât la ruine de la plupart d'entre elles, qui, après
s'être engagées à la légère, se trouveraient à un
moment donné hors d'état de fournir à la fois aux
dépenses des malades et aux pensions des vieillards.
Ce motif, louable d'ailleurs, n'était évidemment
pas assez puissant pour enlever au principe de la
mutualité une de ses plus précieuses applications :
une prohibition aussi absolue était fâcheuse à tous
égards; il valait mieux laisser aux Sociétaires la
faculté de réaliser, quand ils le pourraient, un de
leurs vœux les plus chers. Telle a été l'opinion du
législateur de 1852, qui a autorisé les Sociétés à
promettre des pensions de retraite lorsqu'elles comp-
teraient un nombre suffisant de membres honoraires.

Cependant ce n'est pas encore là une garantie absolue et sur laquelle on puisse se fier entièrement.
Le concours des membres honoraires n'a pas de
durée certaine, leur nombre varie chaque année,
le chiffre de leurs cotisations n'est pas obligatoire
et peut diminuer dans de fortes proportions. Il est
donc impossible de fonder sur cette branche des
recettes sociales une sécurité complète pour l'avenir. Justement préoccupé de ce grave inconvénient,
le Gouvernement a voulu y obvier, pour ce qui concerne les Sociétés approuvées, en créant, par le
décret du 26 avril 1856, un fonds de retraites, à
la constitution et à l'accroissement duquel est affectée une partie notable des intérêts de la dotation.

Les dispositions du décret du 26 avril laissent,
du reste, subsister en entier la faculté que les
Sociétés de secours mutuels de toute nature ont
de s'adresser directement à la Caisse des retraites
pour la vieillesse, soit comme intermédiaires entre

elle et les Sociétaires, soit comme donatrices en effectuant des versements au nom de chaque membre individuellement. Elles jouissent même, à cet égard, de priviléges exceptionnels accordés par la loi du 28 mai 1853 et maintenus dans celle du 12 juin 1861.

Un décret impérial du 27 mars 1858 a autorisé les membres des Sociétés auxquels des médailles d'honneur auront été accordées par l'Empereur, à porter ces médailles dans toutes les réunions de Sociétaires, et un arrêté du Ministre de l'Intérieur, du 24 juin de la même année, a déterminé la forme des médailles ainsi que du ruban auquel elles doivent être suspendues.

Enfin, un décret impérial du 18 juin 1864 a fixé la durée des fonctions des Présidents des Sociétés de secours mutuels approuvées à *cinq ans*, à partir du jour de leur nomination. L'article 3 du décret organique du 26 mars 1852 n'avait assigné aucune limite aux fonctions des Présidents ; cette inamovibilité, que pouvait seule faire cesser une démission volontaire ou la révocation, mesure rigoureuse, irritante et tout exceptionnelle, présentait des inconvénients auxquels le nouveau décret a obvié d'une manière satisfaisante sous tous les rapports.

Telles sont aujourd'hui les dispositions législatives et réglementaires qui régissent les Sociétés de secours mutuels françaises, et dont les divers textes vont être successivement reproduits et annotés dans les deux chapitres suivants.

II. Définition des trois classes de Sociétés et renseignements sur leur importance.

Les Sociétés de secours mutuels françaises sont actuellement divisées en trois classes ou catégories : 1° les Sociétés reconnues comme établissement d'utilité publique ; 2° les Sociétés approuvées ; 3° les Sociétés autorisées ou Sociétés privées.

Les Sociétés reconnues comme établissement d'utilité publique, ou simplement *Sociétés reconnues*, sont celles qui ont été constituées par décret impérial. Elles ont le droit de posséder, d'acquérir et de recevoir, par donation ou de toute autre manière, des meubles et des immeubles, quelle qu'en soit la valeur, et elles jouissent, en outre, de tous les priviléges accordés par le décret du 26 mars 1852. Il n'existe encore, dans toute la France, que neuf Sociétés de cette nature.

Les *Sociétés approuvées* sont celles qui ont reçu l'approbation du Ministre de l'Intérieur, dans le département de la Seine, et du Préfet, dans les autres départements, conformément au décret du 26 mars 1852. Elles ont le droit d'acquérir et de posséder des biens meubles, de quelque valeur que ce soit, et peuvent recevoir, avec l'autorisation du Préfet, des dons et legs mobiliers dont la valeur n'excède pas 5,000 fr. Leur président est nommé par l'Empereur ; elles reçoivent des subventions de l'État, et jouissent de tous les avantages énumérés dans le décret organique du 26 mars. Le nombre de ces Sociétés s'élève à 3,500 ; elles se composent de 500,000 associés, dont 80,000 membres honoraires et 420,000 membres participants ; leur avoir total dépasse 24 millions de francs.

Les *Sociétés privées* ou Sociétés *autorisées* sont celles qui existent en vertu d'une simple autorisation de police, délivrée par les Préfets. Placées sous le régime des art. 291, 292 et 294 du Code pénal, et des art. 1, 2 et 3 de la loi du 10 avril 1834 sur les associations, elles n'ont d'autre droit civil que celui de faire des dépôts de fonds aux caisses d'épargne, et peuvent être dissoutes par un simple arrêté préfectoral. Ces Sociétés sont au nombre de 1,800; elles comprennent environ 230,000 membres, et leur avoir total s'élève à 12 millions de francs.

Dans l'ensemble, on compte qu'il existe en France 5,300 Sociétés de secours mutuels, composées d'environ 90,000 membres honoraires et 640,000 membres participants. C'est beaucoup sans doute, mais ces chiffres sont encore bien minimes si l'on considère que les 89 départements de l'Empire contiennent 37,510 communes et 37,400,000 habitants. La moyenne n'est, en effet, que d'une Société pour *sept* communes, et d'un peu moins de *dix-sept* membres participants par *mille* âmes de population; soit un Sociétaire seulement pour 58 habitants.

On voit par là tout ce qui reste encore à faire pour donner à la mutualité l'extension qu'elle est susceptible d'acquérir, et pour répandre ses bienfaits sur tous ceux à qui elle peut être utile !

« A côté des associations puissantes qui, dans les grandes villes, — dit la Commission supérieure, en terminant son rapport de 1864, — réunissent plus de 1,000 membres et versent chaque année au fonds de retraites des sommes considérables, beaucoup sont pauvres en membres et en ressources ; plus d'un tiers n'a encore rien économisé pour ses vieillards, et un grand nombre d'ouvriers, faute de connaître ou d'apprécier les bienfaits de la mutualité , tombent aux premières atteintes de la maladie dans la détresse et n'ont plus d'autres ressources que l'hôpital, qui souvent est trop loin ou n'a pas assez de lits pour les recevoir. Il y a donc encore beaucoup d'initiatives à prendre, d'encouragements à donner, de préventions ou d'ignorance à combattre, d'améliorations à réaliser. Mais une œuvre qui a déjà fait tant de bien et tant de progrès ne s'arrêtera pas en si bonne voie ; elle en a pour garantie la haute protection dont l'Empereur l'a toujours honorée, le zèle persévérant de ceux que la loi, le choix du Gouvernement et le suffrage de leurs associés ont chargés de l'organisation et de la direction de la mutualité dans notre pays, et chaque année nouvelle, en ajoutant, comme par le passé, au nombre et à l'action des Sociétés de secours mutuels, leur apportera un titre de plus à la sympathie et à la confiance de tous. »

CHAPITRE II.

LÉGISLATION SPÉCIALE DES SOCIÉTÉS DE SECOURS MUTUELS.

— —

I. LOI sur les Sociétés de secours mutuels.

—

Du 15 juillet 1850.

—

L'ASSEMBLÉE NATIONALE A ADOPTÉ LA LOI dont la te-- neur suit :

ART. 1er. — Les associations connues sous le nom de Sociétés de secours mutuels pourront, sur leur demande, être déclarées établissements d'utilité publique aux conditions ci-après déterminées.

ART. 2. — Ces Sociétés ont pour but d'assurer des secours temporaires aux sociétaires malades, blessés ou infirmes, et de pourvoir aux frais funé- raires des sociétaires (1).

---

(1) Cet article n'est pas limitatif; il indique seulement quel est le principal objet des Sociétés de secours mutuels.

Elles ne pourront promettre de pensions de retraite aux sociétaires (1).

ART. 3. — Elles devront compter au moins cent membres, et ne pas dépasser deux mille.

Toutefois, le Ministre de l'agriculture et du commerce pourra, sur la demande du Maire et du Préfet, autoriser les Sociétés à admettre plus de deux mille membres.

Le nombre minimum de cent pourra être réduit pour les communes rurales ou dans des cas exceptionnels (2).

ART. 4. — Ces Sociétés sont placées sous la protection et la surveillance de l'autorité municipale. Le Maire ou un adjoint par lui délégué, ont toujours le droit d'assister à toute séance; lorsqu'ils y assistent, ils les président (3).

(1) Cette disposition a été remplacée, pour les Sociétés *approuvées*, par l'art. 6 du décret du 26 mars 1852; et comme l'art. 17 du même décret porte que les Sociétés déclarées établissement d'utilité publique, en vertu de la loi du 15 juillet 1850, jouiront de tous les avantages accordés aux Sociétés approuvées, ce dernier paragraphe de notre art. 2 se trouve virtuellement abrogé. Il ne pourrait tout au plus être applicable qu'aux Sociétés déclarées établissement d'utilité publique, antérieurement à la loi de 1850. Voir, relativement aux retraites: 1° Ce que nous avons dit au Chapitre Ier (page 18): 2° le décret du 26 avril 1856 (page 65); 3° les lois sur la caisse des retraites au Chapitre III, section 5.

(2) L'art. 5 du décret du 26 mars 1852 a modifié cet article, pour ce qui concerne les Sociétés approuvées.

(3) Pour les Sociétés *reconnues*, le droit des Maires d'assister aux réunions et de les présider est incontestable; mais en est-il de même à l'égard des deux autres classes d'associations mutuelles? M. Émile Laurent (page 404) résout ainsi la question : « Dans les Sociétés *approuvées*, le président est investi par le mode de sa nomination d'un caractère

Les présidents et vice-présidents sont nommés par l'association, conformément aux règles établies par les statuts de la Société (1).

Ils peuvent être révoqués dans la même forme.

Art. 5. — Les cotisations de chaque sociétaire seront fixées par les statuts, d'après les tables de maladie et de mortalité confectionnées ou approuvées par le Gouvernement (2).

Art. 6. — Lorsque les fonds réunis dans la caisse d'une Société de plus de cent membres s'élèveront au-dessus de la somme de trois mille francs, l'excédant sera versé à la caisse des dépôts et consignations.

Si la Société est composée de moins de cent membres, ce versement pourra avoir lieu, lorsque les fonds réunis dans sa caisse dépasseront mille francs.

Le taux de l'intérêt des sommes déposées est fixé

en quelque sorte officiel. Ce caractère, plus encore que le silence complet du décret sur le droit d'intervention de l'autorité municipale, ne paraît pas permettre d'attribuer au Maire le *droit* de présider les séances, et de substituer ainsi sa direction à une direction créée par la loi. Nous ne parlons ici, bien entendu, que de l'absence de droit légal pour le Maire, et laissons de côté la question de déférence vis-à-vis du représentant de la commune, qui est appelé par la loi à contribuer, même matériellement, à la prospérité de la Société. Quant aux Sociétés *privées*, le Maire a évidemment le droit d'assister aux séances ou d'y envoyer un délégué; mais il ne peut prétendre au droit de les présider. »

(1) Aux termes de l'art. 3 du décret du 26 mars, dans les Sociétés *approuvées*, le président doit être nommé par l'Empereur; tous les autres membres du Bureau sont élus par la Société.

(2) Ces tables de maladie et de mortalité n'ont encore été ni confectionnées, ni approuvées par le Gouvernement, qui laisse toute liberté aux Sociétés pour la fixation du chiffre des cotisations. — Voir ce que nous disons sur ce sujet à l'art. 7 du décret du 26 mars (page 11, note 1).

à quatre et demi pour cent par an, jusqu'à ce qu'il ait été statué autrement par une loi.

Les Sociétés de secours mutuels pourront faire aux caisses d'épargne des dépôts de fonds égaux à la totalité de ceux qui seraient permis au profit de chaque sociétaire individuellement. (1).

ART. 7. — Les Sociétés déclarées établissements d'utilité publique pourront recevoir des donations et legs, après y avoir été dûment autorisées (2).

Les dons et legs de sommes d'argent ou d'objets mobiliers, dont la valeur n'excédera pas mille francs, seront exécutoires en vertu d'un arrêté du Préfet (3).

Les gérants et administrateurs de ces Sociétés pourront toujours, à titre conservatoire, accepter les dons et legs. La décision de l'autorité, qui interviendra ultérieurement, aura effet du jour de cette acceptation.

ART. 8. — Au besoin, les communes fourniront gratuitement aux Sociétés dûment autorisées, ou aux sections établies dans leur circonscription, les locaux nécessaires.

---

(1) Cet article est textuellement reproduit dans les art. 13 et 14 du décret du 26 mars 1852. Il s'applique donc aux Sociétés *approuvées* comme aux Sociétés *reconnues;* mais il ne concerne pas les Sociétés *privées*, qui ne peuvent pas déposer leurs fonds en compte-courant à la caisse des dépôts et consignations et n'ont le droit de faire des dépôts aux caisses d'épargne, que jusqu'à concurrence de 8,000 fr., y compris les intérêts accumulés. — Voir, pour ce qui concerne les caisses d'épargne, Chap. III, Section 2.

(2) Ces legs et donations peuvent comprendre des immeubles comme des meubles et s'élever à quelque somme que ce soit. Les Sociétés approuvées n'ont pas le même avantage. (Voir l'art. 8 du décret du 26 mars 1852).

(3) Au-delà de 1,000 fr. l'autorisation doit être donnée par un décret impérial, rendu sur l'avis du Conseil d'État.

Elles leur fourniront aussi gratuitement les livrets et registres nécessaires à l'administration et à la comptabilité.

En cas d'insuffisance des ressources de la commune, cette dépense sera à la charge du département (1).

Art. 9. — Tous les actes intéressant les Sociétés de secours mutuels dûment autorisées seront exempts des droits de timbre et d'enregistrement (2).

Art. 10. — Sont nulles de plein droit les modifications apportées à ses statuts par une Société de secours mutuels autorisée, si elles n'ont pas été préalablement approuvées par le Gouvernement.

La dissolution ne sera valable qu'après la même approbation.

En cas de dissolution d'une Société de secours mutuels, il sera restitué aux sociétaires, faisant à ce moment partie de la Société, le montant de leurs versements respectifs, jusqu'à concurrence des fonds existants, et déduction faite des dépenses occasionnées personnellement.

Les fonds restés libres après cette restitution seront partagés entre les Sociétés du même genre ou établissements de bienfaisance situés dans la commune, ou, à leur défaut, entre les Sociétés de secours mutuels dûment autorisées du même dé-

(1) Ces dispositions sont reproduites dans l'art. 9 du décret du 26 mars 1852, et s'appliquent aux Sociétés approuvées comme aux Sociétés reconnues. — Voir la note 1, page 42.

(2) Disposition commune aux Sociétés reconnues et aux Sociétés approuvées. (Voir l'art. 11 du décret de 1852 et la note 1, page 43.)

partement, au prorata du nombre de leurs membres (1).

(1) Cet article, reproduit à peu près textuellement dans l'art. 15 du décret du 26 mars 1852, n'est applicable qu'aux Sociétés *reconnues* et aux Sociétés *approuvées*. C'est donc à tort que plusieurs Sociétés *privées* ont cru qu'elles y étaient soumises pour la liquidation de leur avoir, en cas de dissolution. La jurisprudence, à leur égard, est définitivement fixée par un arrêt du Conseil d'État du 3 août 1858, rendu dans les circonstances suivantes.

Une association mutuelle privée, du département de la Sarthe, s'étant écartée du but de son institution, le Préfet prit, le 25 mars 1853, un arrêté par lequel il prononça la dissolution de la Société, nomma un liquidateur et fixa le mode de répartition des fonds en caisse. Le 6 avril suivant, un second arrêté prescrivit la recherche au domicile du sieur Ozou de Verric, président de la Société, des papiers, registres et valeurs appartenant à cette association. La liquidation terminée, le Préfet l'approuva le 17 mai 1853. Puis, enfin, par un arrêté en forme de lettre, du 28 du même mois, il annula les pouvoirs confiés au président, par divers membres, pour retirer les sommes par eux versées et en disposer, et il ordonna que le produit des souscriptions d'un certain nombre d'associés fondateurs serait distribué, par égales portions, aux associés mutualistes. Le président et quelques autres membres de la Société dissoute formèrent aussitôt, devant le Conseil d'État, un pourvoi, sur lequel il a été statué en ces termes :

« AU FOND :

» *En ce qui touche l'arrêté du 25 mars 1853, en tant qu'il a pour objet de dissoudre la Société,*

» Considérant que le décret du 25 mars 1852, en abrogeant le décret du 28 juillet 1848, déclare que les art. 291, 292 et 294 du Code pénal, et les art. 1, 2 et 3 de la loi du 10 avril 1834, seront applicables aux réunions publiques, de quelque nature qu'elles soient ; — Que ces dispositions nouvelles ont virtuellement abrogé l'art 12 de la loi du 15 juillet 1850, et que, dès lors, le Préfet de la Sarthe, en prononçant la dissolution de la Société, n'a pas excédé ses pouvoirs;

» *En ce qui touche l'arrêté du 25 mars 1853, en tant*

ART. 11. — Un règlement d'administration publique déterminera (1) :

1° Les conditions et garanties générales sous lesquelles les Sociétés de secours mutuels seront reconnues comme établissement d'utilité publique dans les limites fixées par la présente loi ;

qu'il a pour objet la liquidation de la Société, l'arrêté du 17 mai et celui du 28 du même mois,

» Considérant que l'art. 10 de la loi du 15 juillet 1850, et l'art. 15 du décret du 26 mars 1852, ne sont applicables qu'aux Sociétés *reconnues* comme établissement d'utilité publique, ou *approuvées;* — Que, s'il était dans le droit du Préfet de prescrire des mesures provisoires pour assurer la conservation de l'actif d'une Société *privée* après sa dissolution, il ne pouvait lui appartenir de régler les intérêts privés des Sociétaires ; — Que, dès lors, en chargeant le sieur Richard, juge de paix, de procéder à la liquidation de la Société, en fixant le mode et les conditions de la liquidation, et en attribuant aux mutualistes des sommes versées à la caisse sociale par des associés fondateurs, le Préfet de la Sarthe a excédé ses pouvoirs ;

» *En ce qui touche l'arrêté du 6 avril 1853,*

» Considérant que le Préfet, en prenant cet arrêté, a agi en qualité d'officier de police judiciaire et en vertu des pouvoirs qui lui sont conférés par l'art. 10 du Code d'instruction criminelle ; — Que, dès lors, cet arrêté ne peut nous être déféré par la voie contentieuse ;

» ART. 1er. La requête des sieurs Ozou de Verrie et consorts, en tant qu'elle a pour objet de faire annuler les dispositions de l'arrêté du 25 mars 1855, relatives à la dissolution de cette Société, et l'arrêté du 6 avril suivant, est rejetée.

» ART. 2. Les dispositions de l'arrêté du 25 mars 1855, concernant la liquidation de la Société, l'arrêté du 17 mai et celui du 28 du même mois, en tant qu'ils s'appliquent personnellement aux sieurs Ozou de Verrie, Richard, Leroux, David, Degoulet, Gobit, Benoist et d'Argy, sont annulés pour excès de pouvoirs. »

(1) Décret du 14 juin 1851, page 52 ci-après.

2º Le mode de surveillance de ces établissements par l'État ;

3º Les causes qui pourraient autoriser les Préfets à prononcer la suspension temporaire de ces Sociétés ;

4º Les formes et conditions de leur dissolution.

Art. 12. — Les Sociétés de secours mutuels déjà reconnues comme établissements d'utilité publique continueront à s'administrer conformément à leurs statuts.

Les Sociétés non autorisées, mais existant depuis un temps assez long pour que les conditions de leur administration aient été suffisamment éprouvées, pourront être reconnues comme établissements d'utilité publique, lors même que leurs statuts ne seraient pas complètement d'accord avec les conditions de la présente loi.

Les autres Sociétés de secours mutuels actuellement constituées, ou qui se formeraient à l'avenir, s'administreront librement, tant qu'elles ne demanderont pas à être reconnues comme établissements d'utilité publique.

Néanmoins, elles pourront être dissoutes par le Gouvernement, le Conseil d'État entendu, dans le cas de gestion frauduleuse, ou si elles sortaient de leur condition de Sociétés mutuelles de bienfaisance (1).

---

(1) Ce paragraphe est abrogé, pour ce qui concerne les Sociétés approuvées, par l'art. 16 du décret du 26 mars 1852. Il n'est pas non plus applicable aux Sociétés privées. Par arrêt du 8 mai 1856 (*Affaire Hervé*), le Conseil d'État a rejeté le pourvoi d'une Société de cette catégorie, qui se fondait sur l'art. 12 de la loi du 15 juillet 1850 pour demander l'annulation de l'arrêté préfectoral qui avait prononcé sa dissolution. L'arrêt du 5 août 1858 reproduit page 28, note 1, consacre la même jurisprudence.

En cas de contravention à l'arrêté de dissolution, les membres, chefs ou fondateurs seront punis correctionnellement des peines portées en l'art. 13 de la loi du 28 juillet 1848 (1).

Art. 13. — Le Ministre de l'agriculture et du commerce rendra compte dans le premier semestre de chaque année, de l'exécution de la présente loi (2).

À cet effet, chaque Société de secours mutuels devra fournir, à la fin de l'année, au Préfet du département où elle est placée, un compte de la situation et un état des cas de maladie ou de mort éprouvés par les sociétaires dans le cours de l'année (3).

Art. 14. — Un crédit extraordinaire de cent mille francs est ouvert à M. le Ministre du commerce pour subvenir aux dépenses nécessaires à l'exécution de la présente loi (4).

---

(1) Cette dernière disposition de l'art. 12 est applicable à toutes les Sociétés dont la dissolution a été prononcée, soit par décret impérial, soit par arrêté du Préfet. — Voir, page 78, l'art. 13 du décret-loi du 28 juillet 1848.

(2) La Commission supérieure créée par l'art. 19 du décret du 26 mars 1852 est maintenant chargée de ce soin.

(3) Cette disposition, qui est obligatoire pour toutes les Sociétés, qu'elles soient privées, approuvées ou reconnues, est reproduite dans l'art. 20 du décret du 26 mars 1852.

(4) Une dotation de dix millions de francs a été affectée aux Sociétés de secours mutuels par le décret du 22 janvier 1852. — Voyez ci-après, page 62.

II. DÉCRET portant règlement d'administration publique sur les Sociétés de secours mutuels.

—

Du 14 juin 1851.

—

LE PRÉSIDENT DE LA RÉPUBLIQUE,

Sur le rapport du Ministre de l'agriculture et du commerce ;

Vu la loi du 15 juillet 1850 ;

Vu spécialement l'article 11 de ladite loi, ainsi conçu : « Un règlement d'administration publique déterminera : 1° les conditions et garanties générales sous lesquelles les Sociétés de secours mutuels seront reconnues comme établissements d'utilité publique dans les limites fixées par la présente loi ; 2° le mode de surveillance de ces établissements par l'État ; 3° les causes qui pourraient autoriser les Préfets à prononcer la suspension temporaire de ces Sociétés ; 4° les formes et conditions de leur dissolution. »

Le Conseil d'État entendu,

DÉCRÈTE :

TITRE PREMIER.

De l'autorisation des Sociétés de secours mutuels comme établissements d'utilité publique.

ARTICLE PREMIER. — Les Sociétés de secours mutuels sont reconnues comme établissements d'utilité

publique par décret rendu dans la forme des règlements d'administration publique (1).

Art. 2. — La demande est adressée au Préfet
avec les pièces suivantes :

1° L'acte notarié contenant les statuts;

2° Un état nominatif, certifié par le notaire, des
Sociétaires qui y ont adhéré;

3° Un exemplaire du règlement intérieur.

Art. 3. — Le Préfet transmet la demande et les
pièces au Ministre de l'agriculture et du commerce,
avec son avis motivé.

Il fait connaître, notamment, les ressources de la
Société, les moyens à l'aide desquels les communes
pourraient être appelées à contribuer aux dépenses
indiquées dans l'art. 8 de la loi du 15 juillet 1850.

Art. 4. — Les statuts doivent régler :

Le but de la Société ;

Les conditions d'admission et d'exclusion;

Les droits aux secours et aux frais funéraires ;

Le montant des cotisations, les époques d'exigi-
bilité et les formes de la perception ;

Le mode de placement des fonds;

Le mode d'administration de la Société ;

Art. 5. — Aucune modification ne peut être ap-
portée aux statuts, si elle n'a été approuvée par le
Gouvernement dans la même forme que l'autorisation.

TITRE II.

De la surveillance des Sociétés.

Art. 6. — Les Sociétés de secours mutuels sont

(1) Ces décrets sont rendus sur l'avis du Conseil d'État.

tenues de communiquer leurs livres, registres, procès-verbaux et pièces de toute nature aux Préfets,
Sous-Préfets et Maires, et à leurs délégués.

Cette communication a lieu sans déplacement,
sauf le cas où le déplacement serait ordonné par
arrêté du Préfet (1).

ART. 7. — La forme des livrets et des registres
de comptabilité est déterminée par le Ministre de
l'agriculture et du commerce (2).

ART. 8. — Chaque année, les Sociétés de secours
mutuels adresseront au Maire de la commune où est
établi le siége de la Société et au Préfet du département un relevé de leurs opérations pendant le
cours de l'année précédente, et un état de leur situation au 31 décembre, conformément aux mo-
dèles déterminés par le Ministre de l'agriculture et
du commerce (3).

ART. 9. — Pour assurer l'exécution de l'art. 4
de la loi du 15 juillet 1850, le conseil d'administration de chaque Société informera le Maire de la
commune où siége la Société, au commencement
de chaque année, des jours de ses séances périodi-
ques. Lorsque les séances ne seront pas périodi-
ques, ou lorsqu'il y aura des séances extraordi-
naires, le Maire en sera prévenu au moins trois
jours à l'avance.

Il sera également prévenu, dans le même délai,

(1) Cet article est obligatoire pour toutes les Sociétés.
(2) Voir, à la page 54, l'arrêté ministériel du 15 avril 1853.
(3) Cet article a été modifié par l'art. 20 du décret du 26
mars 1852. Les Sociétés de toute nature n'ont à adresser
leur compte-rendu qu'au Préfet du département; elles n'en
doivent pas au maire de la commune.

de la réunion de toute assemblée générale des Sociétaires (1).

Il sera fait procès-verbal des délibérations, soit
du conseil d'administration, soit des assemblées générales, sur un registre spécial.

Les procès-verbaux seront signés par le président et le secrétaire (2).

TITRE III.

De la suspension des Sociétés.

ART. 10. — Le Préfet peut suspendre l'administration de la Société en cas de fraude dans la gestion ou d'irrégularité grave dans les registres ou
pièces de comptabilité.

Les Sociétaires seront immédiatement convoqués
par le Maire, pour pourvoir au remplacement pro-
visoire de l'administration suspendue.

En cas de négligence ou de refus des Sociétaires,
le Maire y pourvoira d'office.

Art. 11. — Le Préfet peut ordonner la suspension temporaire de la Société elle-même, dans le
cas où elle sortirait des conditions des Sociétés mutuelles de bienfaisance.

ART. 12. — Les arrêtés de suspension seront no-
tifiés à l'administration de la Société et au Maire
de la commune, chargé d'en assurer l'exécution.

(1) Ces dispositions s'appliquent aux Sociétés *privées*
comme aux Sociétés *reconnues;* mais elles ne concernent
pas les Sociétés *approuvées*, dont le Président, nommé par
le chef de l'État, a en quelque sorte un caractère officiel. —
Voir ce que nous avons déjà dit, page 24, note 3.

(2) Ces deux derniers paragraphes concernent toutes les
Sociétés.

Ils seront transmis immédiatement, avec un rapport motivé, au Ministre de l'agriculture et du commerce, et, s'il y a lieu, au Ministre de l'intérieur (1).

TITRE IV.

De la dissolution des Sociétés de secours mutuels.

Art. 13. — La dissolution volontaire des Sociétés de secours mutuels ne peut être demandée qu'en vertu d'une délibération prise, sous la présidence du Maire ou de son délégué, à la majorité des trois quarts des membres présents et à la majorité absolue des membres de la Société.

Art. 14. — La dissolution peut être prononcée par le Gouvernement en cas d'inexécution des statuts, de contravention aux lois et au présent règlement.

Art. 15. — La dissolution peut encore être prononcée si le nombre des membres tombe au dessous du minimum fixé par l'art. 3 de la loi du 15 juillet 1850. — Mais, dans ce cas, le Préfet, pour faire compléter le nombre nécessaire à l'existence légale de la Société, pourra faire publier, dans les communes intéressées, l'état de l'actif social et le nombre des associés.

Art. 16. — La dissolution est prononcée par un décret rendu dans la forme des règlements d'administration publique, sur l'avis du Maire et du Préfet, et sur le rapport du Ministre de l'agriculture et du commerce, ou du Ministre de l'intérieur, selon les cas (2).

(1) Les dispositions des art. 10, 11 et 12 s'appliquent aux Sociétés des trois catégories. Elles ont été complétées, pour les Sociétés *approuvées,* par l'art. 16 du décret du 26 mars 1852.

(2) Les art. 13, 14, 15 et 16 ne concernent plus que les Sociétés *reconnues.*

ART. 17. — La liquidation se fait sous la surveillance du Préfet ou de son délégué.

Les comptes de liquidation sont adressés au Ministre de l'agriculture et du commerce (1).

ART. 18. — Les fonds restés libres après la liquidation sont répartis, par arrêté du Ministre de l'agriculture et du commerce, conformément à l'art. 10 de la loi du 15 juillet 1850 (2).

ART. 19. — Les Ministres de l'intérieur et de l'agriculture et du commerce sont chargés, chacun en ce qui le concerne, de l'exécution du présent décret, qui sera inséré au *Moniteur*, et publié au *Bulletin des lois*.

III. DÉCRET sur les Sociétés de secours mutuels.

Du 26 mars 1852.

LOUIS NAPOLÉON, PRÉSIDENT DE LA RÉPUBLIQUE FRANÇAISE,

Sur la proposition du Ministre de l'intérieur,

DÉCRÈTE :

TITRE Ier.

Organisation et base des Sociétés de secours mutuels.

ARTICLE PREMIER. — Une Société de secours mu-

(1) Les Sociétés de secours mutuels ne sont plus dans les attributions du Ministre de l'agriculture et du commerce; elles appartiennent exclusivement au ministère de l'intérieur.

(2) Les dispositions des art. 17 et 18 ne s'appliquent point aux Sociétés *privées*. Voir à cet égard la note 1 de la page 28.

tuels sera créée par les soins du Maire et du Curé
dans chacune des communes où l'utilité en aura été
reconnue (1).

Cette utilité sera déclarée par le Préfet, après
avoir pris l'avis du Conseil municipal (2).

Toutefois, une seule Société pourra être créée
pour une ou plusieurs communes voisines entre
elles, lorsque la population de chacune sera infé-
rieure à mille habitants (3).

ART. 2. — Ces Sociétés se composent d'associés
participants et de membres honoraires ; ceux-ci
payent les cotisations fixées ou font des dons à
l'association, sans participer aux bénéfices des
statuts (4).

ART. 3. — Le président de chaque Société sera

(1) Le Maire et le Curé sont, dans chaque commune, les
protecteurs-nés des Sociétés de secours mutuels ; la plupart
d'entre eux les président, et presque tous en font partie, soit
comme membres honoraires, soit même quelquefois comme
membres participants.

(2) Ces Sociétés sont celles que l'on désigne plus spécialement sous le nom de Sociétés *municipales;* elles sont, du
reste, comprises dans la classe des Sociétés *approuvées.*

(3) M. le Ministre de l'intérieur, dans une lettre adressée
à M. le Préfet de la Moselle, le 30 avril 1856, a interprété
cette disposition de la manière suivante : « L'art. 1er du décret organique s'oppose à ce qu'on puisse réunir dans une
même Société plusieurs communes de *mille habitants chacune;* mais il n'interdit pas de réunir à une commune de
mille habitants d'autres communes d'une population moindre,
et qui ne trouveraient pas en elles-mêmes d'éléments suffisants pour la création d'une Société de secours mutuels. » —
— *Bulletin des Sociétés de secours mutuels,* année 1856,
page 324.

(4) Le nombre des membres honoraires, ou associés libres,
est illimité ; celui des Sociétaires, ou membres participants,
est déterminé par l'art. 5 ci-après.

nommé par le Président de la République (1).

Le bureau sera nommé par les membres de l'association.

ART. 4. — Le président et le bureau prononceront l'admission des membres honoraires. Le prési-

(1) Actuellement par l'Empereur. Cette disposition est spéciale aux Sociétés *approuvées*, car le président est nommé par l'association dans les Sociétés *reconnues* et les Sociétés *privées*. « La nomination du président par l'Empereur, — dit la Commission supérieure dans son rapport de l'année 1856, — a été le plus éclatant témoignage rendu par le Souverain à l'importance, chaque jour plus grande, des Sociétés de secours mutuels. Cette nomination ne fait d'ailleurs, en général, que confirmer le choix de la Société tout entière, en se portant, tantôt sur son fondateur, tantôt sur son président élu, toujours sur un homme que ses antécédents appelaient naturellement à sa tête. Les présidents ont compris que leur autorité devait emprunter à sa haute origine plus de force pour défendre leur Société et faire valoir ses droits à la protection du Gouvernement. Lorsque la loi, dans l'intérêt de la sécurité publique, soumet toutes les associations *privées* au régime sévère d'une surveillance quotidienne, et ne leur accorde qu'une existence précaire et toujours révocable, la présence, à la tête d'une société *approuvée*, d'un président investi de la confiance du Gouvernement, la met à l'abri de toutes les défiances et devient la meilleure garantie de son indépendance et de sa durée. » « Le président est placé à la tête de l'association, — avait dit auparavant M. le Ministre de l'intérieur dans sa circulaire du 29 mai 1852, — pour la garantir contre les défiances, la défendre contre les abus. Il répond aux Sociétaires de la protection et de la bienveillance du Gouvernement ; au Gouvernement de la sage et bonne direction de la Société, mais il n'enlève rien à celle-ci de sa liberté dans le choix de son bureau et de ses membres : la gestion des fonds, l'administration des affaires resteront toujours entre les mains de ceux à qui leurs co-associés en auront confié le mandat. » Le bureau est en effet toujours élu par la Société, de quelque catégorie qu'elle soit.

dent surveillera.et assurera l'exécution des statuts.
Le bureau administrera la Société (1).

Art. 5. — Les associés participants ne pourront
être reçus qu'au scrutin et à la majorité des voix de
l'assemblée générale (2).

Le nombre des Sociétaires participants ne pourra
excéder celui de cinq cents. Cependant il pourra
être augmenté en vertu d'une autorisation du Préfet (3).

Art. 6. — Les Sociétés de secours mutuels auront pour but d'assurer des secours temporaires
aux Sociétaires malades, blessés ou infirmes, et de
pourvoir à leurs frais funéraires (4).

Elles pourront promettre des pensions de retraite
si elles comptent un nombre suffisant de membres
honoraires (5).

Art. 7. — Les statuts de ces Sociétés seront
soumis à l'approbation du Ministre de l'intérieur
pour le département de la Seine, et du Préfet pour

(1) Bien que cet article semble séparer le président du
bureau, dans la pratique ils ne font qu'un. Le président est
membre du bureau, il le préside et administre conjointement
avec lui.

(2) L'assemblée générale de la Société est omnipotente
quant à l'admission des nouveaux Sociétaires. Chaque association fixe d'ailleurs, dans ses statuts, les conditions d'ad-
missibilité.

(3) L'art. 5 de la loi du 15 juillet 1850 fixait un minimum
de cent membres. Cette disposition n'a pas été reproduite
dans le présent décret; une Société peut par conséquent être
approuvée, quel que soit le nombre de ses membres.

(4) Cet article n'est pas limitatif; en conséquence, les
Sociétés peuvent étendre, autant que leurs ressources le permettent, les avantages accordés à leurs membres participants.

(5) Cette disposition modifie le 2e paragraphe de l'art. 2
de la loi du 15 juillet 1850. — Voir cet article et la note 1,
page 24.

les autres départements. Ces statuts règleront les
cotisations de chaque Sociétaire, d'après les tables
de maladie et de mortalité confectionnées ou approuvées par le Gouvernement (1).

TITRE II.

Des droits et des obligations des Sociétés de secours mutuels.

ART. 8.— Une Société de secours approuvée peut
prendre des immeubles à bail, posséder des objets
mobiliers et faire tous les actes relatifs à ces droits (2).

Elle peut recevoir, avec l'autorisation du Préfet,
les dons et legs mobiliers dont la valeur n'excède
pas 5,000 fr. (3).

(1) Ainsi que nous l'avons dit à l'art. 5 de la loi du 15
juillet 1850 (page 25, note 2), le Gouvernement n'a encore
ni confectionné ni approuvé les tables de maladie et de mortalité dont il s'agit. Les Sociétés restent donc libres de fixer
comme elles l'entendent le chiffre des cotisations. La Commission supérieure exige seulement que le taux de l'indem-
nité quotidienne de maladie ne soit pas supérieur au chiffre
de la cotisation mensuelle. C'est une règle salutaire, basée
sur l'expérience, et dont les Sociétés ne doivent jamais s'é-
carter si elles ne veulent pas s'exposer à une ruine certaine.

(2) Les Sociétés approuvées ne peuvent par conséquent pas
posséder d'immeubles; on en voit cependant beaucoup qui
ont acquis ou fait construire des locaux pour leurs réunions.
Il serait à désirer que cette situation anormale fût régularisée
par une disposition législative, car elle peut entraîner de
graves inconvénients.

(3) Les Sociétés approuvées ne peuvent recevoir en don
des meubles ni des sommes d'argent ou des objets mobiliers
dont la valeur excède 5,000 fr. Un membre honoraire de la
Société de Pauillac (Gironde), M. Ferchaud, avait légué à
cette association une valeur de plus de 400,000 fr. ; les termes formels de l'art. 8 du présent décret ont nécessité la
réduction de ce legs à 5,000 fr.

Art. 9. — Les communes sont tenues de fournir gratuitement aux Sociétés approuvées les locaux nécessaires pour leurs réunions, ainsi que les livrets et registres nécessaires à l'administration et à la comptabilité (1).

En cas d'insuffisance des ressources de la commune, cette dépense est à la charge du département.

Art. 10. — Dans les villes où il existe un droit municipal sur les convois, il sera fait à chaque Société une remise des deux tiers pour les convois dont elle devra supporter les frais aux termes de ses statuts (2).

Art. 11. — Tous les actes intéressant les So-

(1) Dans sa circulaire du 2 juillet 1855, M. le Ministre de l'intérieur s'exprime en ces termes : « Les obligations des communes à l'égard des Sociétés approuvées se réduisent à la fourniture gratuite du local et du mobilier nécessaire aux réunions, et à celle des imprimés pour l'administration et la comptabilité. — La première de ces obligations, qui paraît onéreuse au premier abord, est généralement la plus facile à remplir. En effet, la salle de la mairie, celle de la justice de paix ou même de l'école primaire communale, suffit parfaitement aux réunions, soit du bureau, soit de la Société elle-même. Presque partout, on y trouvera le mobilier nécessaire, qui se borne à une table, des sièges pour le bureau, et des bancs ou des chaises pour les sociétaires. — Quant aux imprimés, ils sont au nombre de sept : 1° le registre matricule ; 2° le journal du trésorier ; 3° le registre des procès-verbaux ; 4° le livret de sociétaire ; 5° la feuille de visite ; 6° le diplôme pouvant servir de passe-port et de livret ; 7° le registre pour l'inscription des diplômes. La nomenclature en a été ainsi établie et limitée par deux arrêtés de mon prédécesseur, en date des 5 janvier et 15 avril 1853. » (Voir ces arrêtés, ci-après, pages 49 et 54.)

(2) Le droit municipal dont il s'agit ici n'existe que dans les villes où le transport des corps au cimetière est adjugé à une entreprise, dite des *Pompes funèbres*. C'est ordinairement la fabrique qui, dans les communes moins importantes,

ciétés de secours mutuels approuvées sont exempts
des droits de timbre et d'enregistrement (1).

Art. 12. — Des diplômes pourront être délivrés,
par le bureau de la Société, à chaque sociétaire participant. Ces diplômes leur serviront de passeport
et de livret, sous les conditions déterminées par un
arrêté ministériel (2).

se charge du transport des corps, et il n'y a pas alors de droit
municipal; on se borne à payer le salaire des porteurs. Lorsque
le défunt fait partie d'une Société de secours mutuels, ce sont
ses confrères qui portent le corps, sans rétribution aucune.

(1) L'exemption ne porte que sur les *droits* et non sur la
formalité du timbre et de l'enregistrement; les actes relatifs
aux Sociétés doivent donc être visés pour timbre et enregistrés (*gratis*, bien entendu), dans les formes et les délais
prescrits. (Circulaire du Directeur général de l'enregistrement et des domaines, du 6 août 1852.)

Les droits de mutation ni de transcription ne sont pas
compris dans la dispense; les Sociétés sont par conséquent
obligées de les payer chaque fois qu'une transmission de biens
s'opère à leur profit. Il serait bon que la gratuité fût étendue
à ces divers objets par une nouvelle disposition législative.

Une décision du Ministre des finances, du 25 février 1854
(*Bulletin des Sociétés de secours mutuels*, année 1856,
page 95), a appliqué l'exemption accordée par l'art. 11 aux
expéditions des actes de naissance et de mariage des Sociétaires, qui doivent être délivrées sur papier non-timbré, lorsqu'elles sont demandées aux Maires, dans l'intérêt des associations, par les présidents des Sociétés *approuvées* ou
reconnues; elles doivent alors contenir la mention expresse
de leur objet et de leur destination spéciale; elles sont visées
pour timbre gratis. — Les actes de décès ne jouissent pas de
la même faveur; ils sont cependant aussi nécessaires aux
Sociétés, car elles ne peuvent rentrer en possession du capital d'une pension de retraite qu'en produisant l'acte de
décès du titulaire. Il faut espérer que cette lacune sera pro-
chainement comblée.

(2) Voyez, p. 49, l'arrêté du Ministre de l'intérieur du 5 janvier 1855, relatif à la délivrance et à l'emploi des diplômes.

Art. 13. — Lorsque les fonds réunis dans la caisse d'une Société de plus de cent membres excéderont la somme de 3,000 fr., l'excédant sera versé à la caisse des dépôts et consignations. Si la Société est de moins de cent membres, ce versement devra être opéré lorsque les fonds réunis dans la caisse dépasseront 1,000 fr.

Le taux de l'intérêt des sommes déposées est fixé à quatre et demi pour cent par an (1).

(1) L'obligation de versement à la Caisse des dépôts et consignations, que cet article impose aux Sociétés approuvées, devient une faveur par la fixation de l'intérêt à 4 1/2 pour cent l'an. Aussi les Sociétés, qui tout d'abord avaient négligé ce mode de placement, s'empressent-elles aujourd'hui d'en profiter. Dans les départements, les Receveurs généraux et les Receveurs particuliers des finances sont chargés de recevoir les fonds ainsi que de les rembourser, lorsqu'il y a lieu. Les formalités à remplir sont très simples. Lors du premier versement, la Société doit produire : 1° une copie certifiée du décret qui nomme le président; 2° deux exemplaires des statuts; 3° un mandat ou ordre de dépôt délivré par le Président, indiquant le nombre de membres en exercice et constatant que l'association possède au moins le capital de 1,000 ou 3,000 fr. fixé par notre article 13. Après le premier versement, ces justifications ne sont plus exigées et le trésorier de la Société n'a plus besoin, pour verser, que de produire un mandat du Président.

Les fonds ainsi placés sont gérés sous la garantie de l'État. Les intérêts courent du jour du dépôt, pourvu que les fonds soient restés trente jours à la caisse; ils sont liquidés le 31 décembre de chaque année, mais ils ne sont point capitalisés. La Société doit donc les toucher dans le courant du mois de janvier, et en opérer le versement à nouveau pour qu'ils soient ajoutés au capital du dépôt.

Le remboursement de tout ou partie des fonds déposés a lieu entre les mains du trésorier sur sa quittance et la remise d'un mandat de retrait ou d'une demande écrite du Président de la Société. Aux termes des instructions adressées aux Receveurs généraux des finances, le rembourse-

Art. 14. — Les Sociétés de secours mutuels approuvées pourront faire aux Caisses d'épargne des dépôts de fonds égaux à la totalité de ceux qui seraient permis au profit de chaque sociétaire individuellement (1).

Elles pourront aussi verser dans la Caisse des retraites, au nom de leurs membres actifs, les fonds restés disponibles à la fin de chaque année (2).

Art. 15. — Sont nulles de plein droit, les modifications apportées à ses statuts par une Société, si elles n'ont pas été préalablement approuvées par le Préfet (3).

La dissolution ne sera valable qu'après la même approbation.

En cas de dissolution d'une Société de secours mutuels, il sera restitué aux sociétaires, faisant à ce moment partie de la Société, le montant de leurs versements respectifs, jusqu'à concurrence des

---

ment doit être fait dans les dix jours qui suivent la demande; dans la pratique, il a ordinairement lieu à présentation, car la caisse des dépôts et consignations ne tient pas à conserver des fonds sur lesquels elle paie un intérêt de 4 1/2 pour cent.

(1) Nous avons déjà vu, page 26, note 1, que cette faveur n'est accordée qu'aux Sociétés reconnues et aux Sociétés approuvées. Les placements aux caisses d'épargne sont d'ailleurs toujours facultatifs. Ils peuvent s'élever pour chaque membre, à une somme de 1,000 fr., maximum attribué par l'art. 1er de la loi du 30 juin 1851, à chaque compte individuel; ainsi, une Société de cent membres participants peut avoir jusqu'à 100,000 fr. à la Caisse d'épargne. — Voir pour ce qui concerne ces Caisses, la section 2 du Chapitre iii, ci-après.

(2) Voyez, pour ce qui concerne les Retraites, l'art. 6, paragraphe 2 du présent décret, page 40.

(3) Aucune modification aux Statuts ne peut donc être mise à exécution, ni devenir obligatoire pour les Sociétaires, qu'après l'approbation préfectorale.

fonds existants, et déduction faite des dépenses occasionnées par chacun d'eux.

Les fonds restés libres après cette restitution
seront partagés entre les Sociétés de même genre
ou établissements de bienfaisance situés dans la
commune; à leur défaut, entre les Sociétés de secours mutuels approuvées du même département,
au prorata du nombre de leurs membres (1).

ART. 16. — Les Sociétés approuvées pourront
être suspendues ou dissoutes par le Préfet pour
mauvaise gestion, inexécution de leurs statuts ou
violation des dispositions du présent décret (2).

TITRE III.

Dispositions générales.

ART. 17. — Les Sociétés de secours mutuels, déclarées établissements d'utilité publique, en vertu
de la loi du 15 juillet 1850, jouiront de tous les
avantages accordés par le présent décret aux Sociétés approuvées (3).

ART. 18. — Les Sociétés non autorisées, actuellement existantes ou qui se formeraient à l'avenir,
pourront profiter des dispositions du présent dé-

(1) Voir ce que nous avons dit de la dissolution des Sociétés sous l'art. 10 de la loi du 15 juillet 1850, page 28, note 1.
(2) Voir page 55, les art. 10, 11 et 12 du décret réglementaire du 14 juin 1851.
(3) Elles jouissent, en outre, exclusivement de tous les
priviléges qui résultent pour elles des dispositions de la loi
du 15 juillet 1850.

cret, en soumettant leurs statuts à l'approbation du Préfet (1).

ART. 19. — Une Commission supérieure d'encouragement et de surveillance des Sociétés de secours mutuels est instituée au ministère de l'intérieur, de l'agriculture et du commerce (2).

Elle est composée de dix membres nommés par le Président de la République.

Cette commission est chargée de provoquer et d'encourager la fondation et le développement des Sociétés de secours mutuels, de veiller à l'exécution du présent décret et de préparer les instruc-

(1) Pour les Sociétés nouvelles, les statuts doivent être rédigés d'après les bases adoptées par la Commission supérieure; mais, pour l'approbation des Sociétés fondées antérieurement au présent décret, on n'exige que trois conditions : 1° admettre des membres honoraires; 2° faire nommer le Président par l'Empereur; 3° ne pas promettre de secours contre le chômage. Hors de là, toute latitude est laissée aux Préfets pour accepter ce que le temps et l'expérience auront consacré dans les statuts des Sociétés déjà existantes. (Circulaire de M. le Ministre de l'intérieur du 29 mai 1852.)

Les formalités à remplir pour obtenir l'approbation se bornent à adresser au Ministre de l'intérieur pour le département de la Seine, et aux Préfets pour les autres départements, une demande écrite, accompagnée des pièces suivantes :

1° Deux exemplaires des statuts;

2° Une liste nominative des membres honoraires, s'il y en a dans la Société;

3° Une liste nominative des membres participants, indiquant l'âge et la profession de chacun d'eux;

4° Un état de la situation financière.

(2) En plaçant à la tête des Sociétés de secours mutuels cette réunion d'hommes éminents et dévoués, le Gouvernement a témoigné hautement l'intérêt qu'il porte à ces associations et l'importance qu'il attache au développement de la mutualité. La Commission supérieure s'occupe des trois catégories de Sociétés.

tions et règlements nécessaires à son application.

Elle propose des mentions honorables, médailles d'honneur et autres distinctions honorifiques, en faveur des membres honoraires ou participants qui lui paraissent les plus dignes (1).

Elle propose à l'approbation du Ministre de l'intérieur les statuts des Sociétés de secours mutuels établies dans le département de la Seine.

ART. 20. — Les Sociétés de secours mutuels adresseront chaque année au Préfet un compte-rendu de leur situation morale et financière (2).

Chaque année, la commission supérieure présentera au Président de la République un rapport sur la situation de ces Sociétés, et lui soumettra les propositions propres à développer et à perfectionner l'institution (3).

ART. 21. — Le Ministre de l'intérieur est chargé de l'exécution du présent décret.

(1) Trois distributions de récompenses ont eu lieu jusqu'à ce moment. La première en 1854; elle comprend : 1 croix de la Légion d'honneur, 11 médailles d'or, 12 médailles d'argent et 15 mentions honorables. La seconde en 1857; on y compte : 2 croix, 20 médailles d'or, 55 médailles d'argent, 77 médailles de bronze et 27 mentions honorables. La troisième en 1860; elle se compose de : 2 croix, 26 médailles d'or, 104 médailles d'argent, 172 médailles de bronze et 14 mentions honorables. — Le port des médailles a été autorisé par décret impérial du 27 mars 1858. (Voir ci-après, p. 70.)

(2) Cette obligation est imposée aux trois classes de Sociétés mutuelles. Les quatre états à remplir sont fournis par l'administration départementale, et envoyés aux Présidents, à la fin de chaque année. Les Sociétés doivent apporter le plus grand soin dans la formation de ces états, qui servent à établir les résultats généraux présentés à l'Empereur par la Commission supérieure.

(3) La Commission a présenté son premier rapport à l'Empereur en 1855.

IV. ARRÊTÉ MINISTÉRIEL relatif à la délivrance des diplômes et à leur emploi comme livrets et passeports.

Du 5 janvier 1855.

LE MINISTRE SECRÉTAIRE D'ÉTAT AU DÉPARTEMENT DE L'INTÉRIEUR, DE L'AGRICULTURE ET DU COMMERCE;

Sur le rapport du Conseiller d'État, directeur de l'agriculture et du commerce;

Vu les propositions de la commission supérieure d'encouragement et de surveillance des Sociétés de secours mutuels;

Vu le décret du 26 mars 1852 sur les Sociétés de secours mutuels,

ARRÊTE:

ART. 1er. — Les diplômes accordés, en vertu de l'art. 12 du décret du 26 mars 1852, aux membres des Sociétés de secours mutuels approuvées (1), pourront servir de livret et de passeport, aux conditions suivantes:

ART. 2. — Les sociétaires ne pourront en obtenir la délivrance qu'un an au moins après leur admission dans la Société (2), et après le dépôt à

(1) Les membres participants des Sociétés *reconnues* comme établissement d'utilité publique jouissent du même privilège, en vertu de l'art. 17 du décret du 26 mars 1852.

(2) Par sa circulaire du 5 février 1855, M. le Ministre de l'intérieur a interprété comme suit cette disposition: « L'article 2 de l'arrêté du 5 janvier 1855 dispose que « les Sociétaires ne pourront obtenir la délivrance du diplôme

son secrétariat du livret ou du passeport dont ils pourraient être nantis ; ou, à défaut, d'une déclaration signée d'eux portant qu'ils ne sont munis d'aucun de ces titres.

Art. 3. — Les diplômes seront délivrés par le bureau de la Société. Ils énonceront les nom, prénoms, âge, profession, domicile et signature du sociétaire, l'époque de son entrée dans la Société ; ils seront signés par le président, le secrétaire et le sociétaire, et porteront le timbre de la Société ; chaque feuillet du diplôme sera coté et parafé par le président.

» qu'*un an au moins après leur admission dans la Société.*» Pour régulariser la délivrance de ces diplômes, il importe de distinguer les Sociétés en trois catégories : 1° les Sociétés dont la création remonte à plus d'un an et qui ont été reconnues ou approuvées dès leur établissement ; 2° les Sociétés fondées depuis plus d'un an, mais qui sont depuis moins d'un an reconnues ou approuvées ; 5° les Sociétés reconnues ou approuvées dès leur création, mais qui n'ont pas encore une année d'existence.

» En ce qui concerne la première de ces trois catégories, l'application de l'art. 2 ne soulève aucun doute.

» Il n'en est pas de même à l'égard de la seconde. Dans le cas où des Sociétés de cette catégorie, bien qu'établies depuis plus d'un an, n'ont été approuvées que depuis moins d'une année, le temps que les membres participants ont passé dans ces Sociétés antérieurement à l'approbation est-il perdu pour eux, ou doit-il leur être compté dans le stage imposé par l'art. 2, pour l'obtention du diplôme ? Cette question a été soulevée, et j'ai décidé, sur l'avis de la Commission supérieure, que le temps passé antérieurement à l'approbation, dans une Société approuvée, compterait pour le stage.

» En ce qui concerne les Sociétés de la troisième catégorie, c'est-à-dire celles qui, étant approuvées dès leur origine, n'ont pas néanmoins une année d'existence, il est évident que le diplôme ne peut être délivré à aucun de leurs membres avant l'expiration de l'année. »

ART. 4. — Les diplômes devront être délivrés sur des feuilles à souche, fournies gratuitement à la Société, d'après le modèle ci-joint, par l'administration communale, et dans le ressort de la Préfecture de police, par le Préfet de police.

La souche contiendra toutes les énonciations du diplôme, et sera transmise par le bureau, à Paris, à la Préfecture de police; ailleurs, à la mairie.

Le diplôme ne pourra être délivré au sociétaire qu'un mois après cet envoi, et à défaut d'opposition du Préfet de police ou du maire dans cet intervalle.

Les diplômes seront représentés à toute réquisition du bureau de la Société et des agents de l'autorité publique.

ART. 5. — Copie des énonciations du diplôme sera transcrite sur un registre spécial et signé par le président et le sociétaire.

Ce registre sera parafé, à Paris, par le Préfet de police ou son délégué; ailleurs, par le maire. Il sera représenté à toute réquisition de l'autorité administrative (1).

ART. 6. — Le diplôme remplacera le livret

(1) Ces registres doivent, comme les feuilles des diplômes, être fournis gratuitement par les communes. Cela résulte de deux circulaires du ministre de l'intérieur, l'une du 2 juillet 1855, que nous avons déjà reproduite page 42, note 1, et l'autre du 5 février 1855, qui se termine ainsi : « En vertu des art. 4 et 5 de l'arrêté du 5 janvier 1855, les diplômes ainsi que le *registre spécial* destiné à recevoir copie des énonciations du diplôme, conformément au modèle ci-annexé, seront fournis *gratuitement* à chaque Société par la commune. »

pour l'ouvrier et servira aux mêmes usages (1).

Art. 7. — Lorsque le sociétaire voudra voyager, il ne sera tenu qu'à faire viser, sans frais, son diplôme, à Paris, par le Préfet de police; ailleurs, par le Maire.

Art. 8. — Dans le cas où le titulaire ferait partie de plusieurs associations, il ne pourra lui être visé qu'un seul diplôme comme passeport.

Art. 9. — L'apposition de la signature du président et du timbre de la Société devra être renouvelée tous les deux ans, sous peine de nullité du diplôme comme passeport.

Avis du renouvellement sera donné par le bureau dans les quarante-huit heures, à Paris, à la préfecture de police; ailleurs, à la mairie.

Art. 10. — Dans le cas d'exclusion ou de sortie volontaire de la Société, le diplôme devra être remis au bureau et annulé.

Mention en sera faite sur le registre de la Société et avis en sera donné, par le bureau, dans les quarante-huit heures, à Paris, à la préfecture de police; ailleurs, à la mairie.

Art. 11. — Le Conseiller d'État, directeur de l'agriculture et du commerce, est chargé de l'exécution du présent arrêté.

(1) On ajoute à cet effet au diplôme quelques feuilles blanches formant livret et destinées aux *visas pour passeport* et aux *certificats des patrons*. Les diplômes servant de passeport et de livret d'ouvrier sont entièrement distincts du *livret de Sociétaire* dont le modèle est annexé à l'arrêté ministériel du 15 avril 1853. — (Voir ci-après, page 59.)

Modèle annexé à l'arrêté du 5 janvier 1855.

(Voir à la page suivante.)

— 53 —

N°

DÉPARTEMENT d

COMMUNE d

SOCIÉTÉ DE SECOURS MUTUELS

Approuvée le 186 , *par arrêté du*

Diplôme de Sociétaire.

M. , âgé de , né à , profession
d , domicilié à , demeurant rue
a été admis dans l'Association en qualité de membre participant, 186 .

En foi de quoi nous lui avons délivré le présent diplôme,
pour lui assurer la jouissance de tous les droits attachés au
titre de sociétaire.

Fait à , le 186 .
(Timbre de la Société).

Le Secrétaire, *Le Président de la Société,*

SIGNALEMENT DE L'IMPÉTRANT :

Nom et prénoms,
âge , cheveux et sourcils , front , yeux
nez , bouche , menton , visage ,
teint , taille 1ᵐ , signes particuliers ,
natif de , canton de , département de ,
Signature du porteur. *Le Président de la Société,*

N°

Vu à la (1) avec les pièces mentionnées en l'art. 2
de l'arrêté ministériel, lesquelles ont été visées pour rester
en dépôt aux archives de la Société, et consistant en

(Timbre de l'autorité)
(dont émane le visa.) Le 186 .
Le (2)

(1) Préfecture de police ou Mairie.
(2) Préfet de police ou Maire.

La souche étant exactement semblable au diplôme ci-contre, nous n'avons pas besoin de la reproduire ici.

SOCIÉTÉ DE SECOURS MUTUELS.

V. ARRÊTÉ MINISTÉRIEL concernant les livres et registres que les communes devront fournir aux Sociétés reconnues ou approuvées.

Du 15 avril 1853.

LE MINISTRE SECRÉTAIRE D'ÉTAT AU DÉPARTEMENT DE L'INTÉRIEUR, DE L'AGRICULTURE ET DU COMMERCE,

Sur le rapport du Conseiller d'État, directeur général de l'agriculture et du commerce ;

Vu les art. 8 de la loi du 15 juillet 1850, 7 du décret du 14 juin 1851, et 9 du décret du 26 mars 1852, sur les Sociétés de secours mutuels ;

Vu l'avis de la Commission supérieure d'encouragement et de surveillance des Sociétés de secours mutuels,

ARRÊTE :

ART. 1er. — Les communes, ou à leur défaut les départements, sont tenus de fournir gratuitement aux Sociétés de secours mutuels reconnues comme établissements d'utilité publique et aux Sociétés de secours mutuels approuvées, les livres et registres suivants (1) ; savoir : 1° Un registre matricule, conforme au modèle A ci-annexé ; — 2° Un journal pour le trésorier, conforme au modèle B ci-annexé ; — 3° Un registre blanc, conforme au modèle C ci-annexé ; — 4° Livrets à l'usage des sociétaires,

(1) Nous avons déjà vu, dans l'arrêté ministériel du 5 janvier 1853, que les communes doivent également fournir les feuilles à souche pour la délivrance des diplômes et le registre servant à leur inscription.

conformes au modèle D ci-annexé ; 5° Feuilles de
visite, conformes au modèle E ci-annexé (1).

Art. 2. — Le Conseiller d'État, directeur général de l'agriculture et du commerce, est chargé de
l'exécution du présent arrêté.

(1) Dans sa circulaire aux Préfets du 20 avril 1853, le
Ministre de l'Intérieur précise ainsi qu'il suit l'usage de ces
registres et imprimés : « 1° Registre matricule, divisé en
colonnes, pour les associés participants, renfermant à la fin
quelques pages blanches pour recevoir les noms des membres
honoraires ; — 2° Un livret de la dimension que devra avoir
le diplôme, afin que livret et diplôme puissent être réunis
et cartonnés ensemble ; — 3° Un journal pour le trésorier,
sur lequel seront inscrites toutes les dépenses et toutes les
recettes de la Société, sans exception et à leurs dates res-
pectives ; 4° Une feuille de visite, contenant tous les éléments nécessaires pour déterminer ce qui sera dû au malade,
et pour assurer une surveillance exacte du service des maladies ; 5° Un registre blanc, pour y consigner les procès-
verbaux et les délibérations du bureau et des assemblées
générales et les comptes-rendus financiers. »

DÉPARTEMENT   **MODÈLE A (1re page).**   COMMUNE
de   d

SOCIÉTÉ DE SECOURS MUTUELS de

REGISTRE MATRICULE.

NOTA. — La colonne laissée en blanc (2) devra servir à inscrire le (ou)
les nos de rencontre avec les articles du Grand-Livre ou de tous autres livres auxiliaires, si la nécessité de ceux-ci se fait sentir.

Les colonnes laissées en blanc (6 et 7) serviront souvent à inscrire la
date du mariage et l'âge du conjoint. Ces deux éléments sont utiles dans
certaines Sociétés où la réversibilité des droits du mari sur la veuve dépend de l'époque du mariage et de l'âge de la femme.

La colonne blanche (10) pourra être remplie par l'indication de l'âge des
sociétaires au moment de la mort ou de la sortie.

Dans la colonne d'observations, on pourra inscrire les fonctions auxquelles le sociétaire aura été appelé, la nature et la durée de la maladie qui
a précédé la mort, etc.

NUMÉRO matricule (1)	(2)	NOMS, PRÉNOMS, PROFESSION, SEXE ET LIEU DE NAISSANCE des sociétaires (3)	DOMICILE (4)	DATE de la naissance (5)	(6)	(7)
1						
2						
3						
4						
5						
6						
7						
8						

(pages 2 et suivantes).

DATE de l'dmission dans la Société (8)	Age à l'époque de l'admission à tous secours (9)	(10)	DATE du décès (11)	DATE de la radiation ou exclusion (12)	OBSERVATIONS (13)

DÉPARTEMENT

d

COMMUNE

d

MODÈLE B.

SOCIÉTÉ DE SECOURS MUTUEL

d

————◦✕◦————

JOURNAL DU TRÉSORIER.

Nᵒˢ des articles		DATES	OPÉRATIONS	SOMMES REÇUES	SOMMES PAYÉES
*.					

DÉPARTEMENT

d

COMMUNE

d

MODÈLE C.

SOCIÉTÉ DE SECOURS MUTUEL

d

————◦✕◦————

REGISTRE DES PROCÈS-VERBAUX

et

DES DÉLIBÉRATIONS DU BUREAU ET DES ASSEMBLÉES GÉNÉRALES.

————

Nota. — Le modèle ne consiste que dans ce titre, placé sur la 1ʳᵉ page ; les autres feuilles sont en papier blanc.

DÉPARTEMENT

d

COMMUNE

d

MODÈLE D (1re page).

SOCIÉTÉ DE SECOURS MUTUELS

d

——— ◦✕◦ ———

LIVRET DE SOCIÉTAIRE.

Nº

———

NOM ET PRÉNOMS DU TITULAIRE :

M

immatriculé sous le nº

(Pages 2 et suivantes.)

DATES	DÉSIGNATION DES VERSEMENTS FAITS PAR LE TITULAIRE et des secours accordés	SOMMES

NOTA. — La plupart des livrets ont des colonnes spéciales pour inscrire séparément les diverses natures de recettes et de dépenses ; le modèle ci-dessus ne spécifie rien, afin de laisser à chaque Société la faculté de faire toutes les colonnes qu'elle juge nécessaires.

DÉPARTEMENT **MODÈLE E.** ANNÉE 18

d

SOCIÉTÉ DE SECOURS MUTUELS

COMMUNE

d

MOIS

d

FEUILLE DE VISITE

Délivrée le 18 *, à M* membre participant,
demeurant rue , immatriculé sous le n°

M , Médecin. | M , Visiteur.

VISITES DU MÉDECIN (1)		VISITES DU VISITEUR (2)		OBSERVATIONS
Dates	Signatures	Dates	Signatures	

(1) (2) Plusieurs Sociétés ne mettent qu'une colonne pour les visites du médecin et celles des visiteurs, afin que les dates et les signatures soient inscrites à la suite les unes des autres et qu'elles se contrôlent ainsi réciproquement.

DÉCOMPTE

		NOMBRE de journées	QUOTITÉ de la journée	MONTANT
Je, soussigné, certifie que le malade pourra reprendre ses travaux le				
	Du au			
	Du au			
	Du au			
Le 18	Du au			
Le Médecin,	TOTAL........			

A déduire pour :

1° Mandat d'à-compte du ..

2° — du .

3° — du ..

4° — du ..

Nombre de visites émargées par le médecin.

5° — du ..

6° — du ..

7° — du ..

Total des à-comptes........

Reste à payer........

Certifié le compte définitif à la somme de pour journées de maladie, à l'une.

Le 18 .

Pour le Président :
Le Membre du bureau délégué,

VI. DÉCRET IMPÉRIAL relatif à la dotation de dix millions affectée par les décrets des 22 janvier et 27 mars 1852 aux Sociétés de secours mutuels.

Du 28 novembre 1858.

NAPOLÉON, par la grâce de Dieu et la volonté nationale, EMPEREUR DES FRANÇAIS, à tous présents et à venir, SALUT;

Vu les décrets des 22 janvier (1) et 27 mars 1852 (2) portant allocation d'une somme de dix millions aux Sociétés de secours mutuels;

(1) *Décret qui restitue au domaine de l'État les biens, meubles et immeubles, qui sont l'objet de la donation faite, le 7 août 1830, par le roi Louis-Philippe.*

Du 22 Janvier 1852.

LE PRÉSIDENT DE LA RÉPUBLIQUE, Considérant, etc., etc.,
Décrète :

ART. 1er. — Les biens meubles et immeubles qui sont l'objet de la donation faite, le 7 août 1830, par le roi Louis-Philippe, sont restitués au domaine de l'État.

. . . .

ART. 5. — Dix millions sont alloués au Sociétés de secours mutuels autorisées par la loi du 15 juillet 1850.

. . . .

(2) *Décret qui autorise la vente de Bois de l'État jusqu'à concurrence de 55 millions, qui seront affectés aux Dotations allouées par les art. 5, 6, 7 et 8 du décret du 22 janvier 1852.*

Du 27 mars 1852.

LOUIS-NAPOLÉON, président de la république française, —
Vu, etc....

Décrète :

ART. 1er. — Le Ministre des finances est autorisé à alié-

Vu le décret organique du 26 mars 1852, relatif auxdites Sociétés;

Vu l'avis motivé de la Commission de surveillance près la caisse des dépôts et consignations, en date du 27 juillet 1853;

Sur le rapport de notre Ministre secrétaire d'État au département de l'intérieur,

Nous avons décrété et décrétons ce qui suit :

Art. 1er. — La dotation de dix millions affectée par les décrets des 22 janvier et 27 mars 1852 aux Sociétés de secours mutuels sera déposée par le trésor à un compte-courant ouvert à la caisse des dépôts et consignations (1).

Art. 2. — La caisse des dépôts et consignations recevra du trésor, et bonifiera sur les fonds composant l'actif de ce compte, un intérêt égal à l'intérêt alloué pour les fonds provenant des caisses d'épargne.

Cet intérêt sera alloué à partir du 1er juillet 1853.

Art. 3. — Les subventions prélevées sur les intérêts seront accordées par le Ministre de l'intérieur, sur l'avis de la Commission supérieure instituée par le décret du 26 mars 1852, aux Sociétés de secours mutuels approuvées ou reconnues comme établis-

ner, jusqu'à concurrence de trente-cinq millions, des bois de l'État à prendre parmi ceux qui sont portés sur le tableau annexé à la loi du 7 août 1850.

Art. 2. — Les trente-cinq millions provenant de cette vente seront affectés aux dotations allouées par les art. 5, 6, 7 et 8 du décret du 22 janvier 1852.

. . . .

(1) Le capital de la dotation est maintenant converti en rentes sur l'État, en exécution du décret du 24 mars 1860. (Voir ci-après, page 75.)

sements d'utilité publique (1). Elles seront délivrées, d'après les autorisations du Ministre de l'intérieur, entre les mains du trésorier de chaque Société, dûment accrédité par le président.

ART. 4. — Toute subvention prélevée sur le capital devra être autorisée par décret rendu sur le rapport de notre Ministre secrétaire d'État au département de l'intérieur, et sur l'avis de la Commission supérieure.

ART. 5. — La caisse des dépôts et consignations adressera, chaque année, au Ministre de l'intérieur, le compte du fonds de dotation des Sociétés de secours mutuels, pour être annexé, après vérification, au rapport annuel que la Commission supérieure doit présenter à l'Empereur, conformément au décret du 26 mars 1852.

Ce compte annuel fera connaître, en outre, le mouvement des fonds libres des Sociétés de secours mutuels, versés à la caisse des dépôts et consignations en conformité de l'art. 13 du décret du 26 mars précité.

ART. 6. — Nos Ministres secrétaires d'État au département de l'intérieur et des finances, sont chargés, chacun en ce qui le concerne, de l'exécution du présent décret.

(1) La presque totalité des intérêts de la dotation est maintenant affectée à l'accroissement du fonds de retraites créé, pour les Sociétés approuvées, par le décret du 26 avril 1856. Il ne faut donc pas que les Sociétés comptent trop sur les subventions de l'État pour leur venir en aide en dehors de ce qui concerne les retraites, et que, dans cette persuasion, elles se livrent à des dépenses que leurs propres ressources ne pourraient pas couvrir. Une Société bien organisée et bien administrée doit vivre et prospérer sans le secours de l'État.

VII. DÉCRET IMPÉRIAL concernant la constitution d'un fonds de retraite au profit des Sociétés de secours mutuels approuvées.

Du 26 avril 1856.

NAPOLÉON, par la grâce de Dieu et la volonté nationale, EMPEREUR DES FRANÇAIS, à tous présents et à venir, SALUT;

Sur le rapport de notre Ministre secrétaire d'État au département de l'intérieur, et sur la proposition de la Commission supérieure des Sociétés de secours mutuels;

Vu l'art. 6 du décret du 26 mars 1852 sur les Sociétés de secours mutuels;

Vu le décret du 28 novembre 1853, sur le fonds de dotation de ces Sociétés,

Avons décrété et décrétons ce qui suit :

TITRE 1er.

De la formation du fonds de retraite.

ART. 1er. — Une somme de 200,000 fr., imputable sur les intérêts disponibles de la dotation des Sociétés de secours mutuels, est affectée à la constitution d'un fonds de retraite, au profit des associations de secours mutuels *approuvées*, qui prendront, en assemblée générale, l'engagement de consacrer à ce fonds de retraite, une portion de leur capital de réserve (1).

(1) Le Gouvernement accorde toujours une subvention aux Sociétés approuvées qui consacrent une partie de leur avoir à l'établissement d'un fonds de retraites. « Parmi les

Art. 2. — Les sommes accordées sur les intérêts de la dotation, les sommes votées par les Sociétés en vertu de l'article précédent (1), et le montant des legs et donations faits en vue d'accroître le

ressources qui me paraîtraient devoir être plus particulièrement consacrées par les Sociétés à la formation de ce fonds — dit M. le Ministre de l'intérieur, dans sa circulaire du 24 mai 1856, — je vous signalerai, Monsieur le Préfet, le produit des souscriptions des membres honoraires. Aucun emploi ne serait plus conforme à la destination naturelle de ces souscriptions, telle que l'a définie la Commission supérieure dans son dernier rapport à l'Empereur... (Année 1854.) C'est donc aux souscriptions des membres honoraires qu'il y a lieu de demander, conformément à l'art. 6 du décret organique de 1852, les ressources nécessaires pour constituer le fonds de retraite. Mais il ne s'ensuit pas que cette portion si importante du patrimoine des Sociétés doive toujours et intégralement recevoir cette affectation. — Beaucoup d'associations sont encore éloignées du moment où les cotisations des membres participants suffiront pour assurer les secours aux malades, premier et principal objet de l'institution. Avant de déterminer la part des souscriptions des membres honoraires qui devra être attribuée au fonds de retraite, ces associations auront donc à tenir compte de toutes les éventualités de dépenses que l'accroissement accidentel du nombre des journées de maladie peut leur imposer. »

(1) Voici le modèle de la délibération à prendre par une Société qui veut se créer un fonds de retraites :

La Société, appréciant les avantages offerts par le décret du 26 avril 1856, décide qu'un fonds de retraites sera immédiatement créé à la Caisse des dépôts et consignations, conformément à l'art. 2 du décret.

A cet effet, et pour avoir une part dans les répartitions spéciales qui seront faites par l'État, la Société s'engage à faire chaque année un prélèvement sur sa réserve.

Considérant que le nombre de ses membres honoraires est de   , que celui de ses membres participants est de   , et que son capital de réserve s'élève actuellement à   ,
elle décide qu'une somme de   ,

fonds de retraite, seront versés à la caisse des dépôts et consignations, où ils produiront intérêt,
conformément a l'art. 13 du décret organique du
26 mars 1852 (1).

Les intérêts que le service des pensions n'aura
pas absorbés seront capitalisés chaque année.

ART. 3. — En cas de dissolution d'une Société,
le Ministre de l'intérieur déterminera l'emploi de
son fonds de retraite, sur la proposition de la Commission supérieure. Ce fonds pourra être affecté à
la création de pensions, au profit des anciens sociétaires.

S'il ne reçoit pas cette destination, il sera attribué aux autres Sociétés approuvées de la même
commune possédant déjà un fonds de retraite, ou,
à défaut, à une ou plusieurs Sociétés du même département.

ART. 4. — La portion du fonds de retraite fournie
par les Sociétés pourra être placée à la caisse géné-

prélevée sur cette réserve, sera, après autorisation de M. le
Préfet, versée entre les mains du préposé de la Caisse des
dépôts et consignations, pour être affectée à la création de
ce fonds de retraites.
Délibéré, en assemblée générale, le
Pour obtenir une subvention, les Sociétés qui possèdent
déjà un fonds de retraites doivent également voter, chaque
année, pour l'accroissement de ce fonds, une somme pro-
portionnée à leurs ressources. Elles reçoivent d'ailleurs, à
cet égard, tous les ans, un avis spécial de l'administration
supérieure.

(1) Avant de verser les sommes par elles votées, soit pour
la création du fonds de retraites, soit pour son accroissement, les Sociétés sont toujours obligées d'attendre que
leurs délibérations aient été approuvées par le Préfet. L'unique but de cette formalité est d'empêcher les Sociétés de
compromettre le service des malades en consacrant au fonds
de retraites des sommes trop élevées.

rale des retraites, soit à capital aliéné, soit à capital réservé.

La portion du même fonds accordé par l'État demeure inaliénable.

Le capital des pensions rendu libre par le décès des pensionnaires, fera retour au fonds de retraite de la Société (1).

(1) Pour assurer des pensions à leurs membres, en exécution du présent décret, les Sociétés ont à choisir entre les trois modes suivants :

1° Verser leurs fonds à la caisse des dépôts et consignations, sans prendre de livrets de la caisse des retraites. Dans ce cas, les fonds ainsi déposés produisent intérêt jusqu'à ce que des pensions soient accordées; les capitaux employés au service de ces pensions ne sont versés à la caisse des retraites, par la caisse des consignations, qu'au moment de l'entrée en jouissance, et ils font retour au fonds de retraites de la Société après le décès des pensionnaires.

2° Placer immédiatement à la caisse des retraites, au nom des membres désignés par la Société, la somme nécessaire pour constituer une pension à chacun d'eux, en *réservant le capital* à l'association. Dans ce cas, les sommes versées font retour au fonds de retraites après le décès des pensionnaires, mais les intérêts produits du jour du versement au jour du décès, sont perdus pour la Société.

3° Faire le même placement, en *aliénant le capital*. Dans ce cas, les sommes versées par la Société sont *entièrement perdues pour elle*, à dater du jour du versement; le chiffre de la pension des sociétaires désignés est seulement plus élevé que lorsque le capital est réservé.

Le premier mode est celui que l'on adopte le plus ordinairement, et c'est celui qui nous paraît devoir être préféré. Le second présente quelques inconvénients que nous n'avons pas besoin de signaler, et le troisième ne doit être employé que très exceptionnellement.

Voici quelle est à ce sujet l'opinion du Gouvernement :

« L'art. 4 du décret laisse aux Sociétés la faculté d'*aliéner* ou de *réserver* la portion du fonds de retraite qu'elles auront fournie; mais il n'est pas indifférent qu'elles adop-

TITRE II.

De la liquidation et du paiement des pensions.

Art. 5. — Les pensions sont servies par la caisse générale de retraites pour la vieillesse.

Art. 6. — Les Sociétés désigneront, en assemblée générale, les candidats aux pensions de retraite parmi les membres participants âgés de plus de cinquante ans, et qui auront acquitté la cotisation sociale pendant dix ans au moins (1).

La même délibération fixera la quotité des pensions (2).

Art. 7. — Les propositions formulées en vertu de l'art. 6 seront transmises au Ministre de l'intérieur, par l'intermédiaire du Préfet, pour être exa-

tent l'un ou l'autre mode de placement. — En stipulant que la portion du fonds de retraite accordée par l'État demeurerait inaliénable, le Gouvernement a suffisamment indiqué aux Sociétés la voie dans laquelle il désirait les voir entrer. Il serait profondément regrettable que la génération présente absorbât, à son profit exclusif, les ressources de l'avenir par l'aliénation de tout le fonds disponible. L'intérêt collectif et permanent de l'institution doit l'emporter sur le désir d'accroître, au moyen de l'abandon du capital, le chiffre des pensions. Ce ne serait donc que dans des cas exceptionnels qu'une Société devrait consentir à l'aliénation des fonds provenant de ses économies, en vue d'accorder une pension plus considérable à quelque sociétaire digne d'une assistance toute spéciale. »

(Circulaire de M. le Ministre de l'intérieur du 24 mai 1856.)

(1) Ce n'est là qu'un minimum ; les Sociétés peuvent très bien exiger 60 ou 65 ans d'âge, et 15, 20 et même 25 années de paiement de la cotisation. Il est bien entendu que, pour pouvoir obtenir la pension, il faut réunir les deux conditions d'âge et de sociétariat.

(2) En se conformant à l'art. 8 ci-après.

minées par la Commission supérieure et approuvées ultérieurement, s'il y a lieu.

ART. 8. — Les pensions ne peuvent être inférieures à 30 fr., ni excéder, dans aucun cas, le décuple de la cotisation annuelle fixée par les statuts de la Société à laquelle le titulaire appartient (1).

ART. 9. — Le Ministre de l'intérieur et le Ministre de l'agriculture, du commerce et des travaux publics, sont chargés, chacun en ce qui le concerne, de l'exécution du présent décret (2).

VIII. DÉCRET IMPÉRIAL relatif aux médailles d'honneur accordées à des membres des Sociétés de secours mutuels.

Du 27 mars 1858.

NAPOLÉON, par la grâce de Dieu et la volonté nationale, EMPEREUR DES FRANÇAIS, à tous présents et à venir, SALUT;

Sur le rapport de notre Ministre secrétaire d'État

---

(1) Ainsi une Société dont les membres participants paient une cotisation mensuelle de 1 fr., soit 12 fr. par an, ne peut accorder aucune pension de retraite qui excède 120 fr. Nous n'avons pas besoin de dire que les Sociétés sont libres de fixer, dans leurs statuts, un maximum moins élevé que le décuple de la cotisation annuelle, mais elles ne peuvent jamais descendre au-dessous de 30 fr.

(2) Dans le rapport qu'elle a adressé à l'Empereur sur les opérations de l'année 1860, la Commission de la Caisse des retraites s'exprime en ces termes : « Un fait qui se rattache essentiellement aux développements futurs de la Caisse des retraites, c'est le progrès remarquable des *fonds de retraite*, institués par le décret du 26 avril 1856, au profit des *Socié-*

au département de l'intérieur et de la sûreté générale ;

Vu l'art. 19 du décret organique du 26 mars
1852 ;

Avons décrété et décrétons ce qui suit :

Art. 1er. — Les personnes auxquelles nous au-
rons accordé des médailles d'honneur, en leur qualité de membres d'une Société de secours mutuels,
pourront porter ces médailles, suspendues à un
ruban noir liséré de bleu, dans l'intérieur des édifi-
ces où leur Société se réunira en vertu deconvoca-
tions régulières (1).

tés de secours mutuels. Ces fonds, dans leur ensemble, s'élèvent aujourd'hui à plus de 4 millions de francs, appartenant
à 1,555 Sociétés, résultat considérable, obtenu en quatre
années seulement, et gage assuré de grands bienfaits dans
l'avenir. Il n'existait encore, à la fin de 1859, que 117 pensions provenant de ces fonds de retraite, et montant ensemble à 5,539 fr.; à la fin de 1860, les pensions sont au nombre
de 169, et s'élèvent à 8,993 fr. Ainsi il y a progrès, et dans
le nombre des vieillards pensionnés, et dans le chiffre des
pensions, dont la moyenne, d'une année à l'autre, s'est élevée de 45 à 53 fr. Ce double mouvement d'accroissement
s'accélèrera d'année en année, en raison tout à la fois de
l'infaillible progression des fonds de retraite, et de l'augmentation du nombre des vieillards pouvant prétendre aux pensions de mutualité. »

Nous engageons vivement les Sociétés qui n'ont pas encore
établi un fonds de retraites pour leurs infirmes et leurs vieillards à s'occuper sans plus tarder de cette création, dont
l'indispensable utilité n'a pas besoin d'être démontrée.

(1) La rédaction du *Bulletin des Sociétés de secours mutuels* (Année 1859, page 11), pense « que partout où la Société
est réunie, en corps ou en députation, pour un service autorisé par le règlement ou par convocation régulière, le port
de la médaille est licite. « Nous partageons entièrement cette
opinion. C'est là évidemment l'esprit de l'art. 1er, comme de
l'art. 2 du présent décret.

Art. 2. — Il est interdit de porter ces médailles en tout autre lieu et hors le temps des réunions, comme aussi de porter le ruban seul.

Art. 3. — Notre Ministre secrétaire d'État au département de l'intérieur et de la sûreté générale, est chargé de l'exécution du présent décret, qui sera inséré au *Bulletin des Lois*.

IX. ARRÊTÉ MINISTÉRIEL déterminant la forme des médailles d'honneur accordées aux membres des Sociétés de secours mutuels.

Du 24 juin 1858.

Le Ministre de l'intérieur,

Vu l'art. 19 du décret du 26 mars 1852 sur les Sociétés de secours mutuels;

Vu le décret du 27 mars 1858, relatif au port des médailles d'honneur accordées aux membres de ces Sociétés;

Sur le rapport du secrétaire général,

Arrête :

Art. 1er. — La médaille d'honneur accordée pour services rendus à l'institution des Sociétés de secours mutuels approuvées est du module de vingt-sept millimètres. La face porte l'effigie de l'Empereur, avec les mots : *Napoléon III*, *Empereur*, en exergue. Au revers sont inscrits les nom et prénoms du membre à qui la médaille a été décernée, le nom de la commune siège de la Société, et le millésime, entourés d'une couronne d'olivier, au nœud de laquelle se trouve une ruche, symbole du travail et de la prévoyance, avec ces mots : *Sociétés de secours mutuels*, *médaille d'honneur*, en exergue.

La bélière se compose d'une couronne d'olivier, de forme ovale, et d'un anneau.

La médaille est suspendue à un ruban moiré, fond noir, de trente millimètres de large, portant deux lisérés bleus de quatre millimètres, et bordé de filets noirs d'un millimètre.

Le tout conformément au dessin-type de la médaille et du ruban ci-annexé.

ART. 2. — Le Secrétaire général est chargé de l'exécution du présent arrêté.

X. DÉCRET IMPÉRIAL portant qu'il sera fait emploi en achats de rentes perpétuelles sur l'État de la somme de dix millions affectée, par les décrets des 22 janvier et 27 mars 1852, à l'encouragement des Sociétés de secours mutuels.

Du 24 mars 1860.

NAPOLÉON, par la grâce de Dieu et la volonté nationale, EMPEREUR DES FRANÇAIS, à tous présents et à venir, SALUT ;

Sur le rapport de notre Ministre secrétaire d'État au département de l'intérieur, et d'après l'avis de la commission supérieure d'encouragement ;

Vu les décrets des 22 janvier et 27 mars 1852, portant allocation d'une somme de dix millions aux Sociétés de secours mutuels;

Vu les art. 1 et 2 du décret du 28 novembre 1853, ordonnant que cette somme sera portée par le tré—

sor à un compte courant ouvert à la caisse des dépôts et consignations, et qu'elle produira un intérêt égal à l'intérêt alloué pour les fonds provenant des caisses d'épargne;

Considérant qu'il y a un plus grand avantage pour les dites Sociétés à convertir le capital de cette dotation en rentes perpétuelles sur l'État, immatriculées à leur nom, et dont les arrérages seront portés à leur crédit comme le sont présentement les intérêts perçus pour leur compte par la caisse des dépôts et consignations;

Avons décrété et décrétons ce qui suit :

ART. 1er. — Il sera fait emploi en achats de rentes perpétuelles sur l'État, au nom des Sociétés de secours mutuels, de la somme de dix millions spécialement affectée à l'encouragement des dites Sociétés par les décrets précités.

Ces achats seront opérés à la bourse de Paris, par les soins de M. le Directeur général de la caisse des dépôts et consignations, aux époques et dans les fonds qui lui seront indiqués par notre Ministre des finances.

ART. 2. — Les arrérages des rentes provenant de cette consolidation seront perçus par la caisse des dépôts et consignations, et portés par elle en recette au crédit du compte ouvert dans ses écritures aux Sociétés de secours mutuels.

ART. 3. — Nos Ministres secrétaires d'État aux départements de l'intérieur et des finances sont chargés de l'exécution du présent décret.

CHAPITRE III.

LÉGISLATION COMMUNE AUX SOCIÉTÉS DE SECOURS MUTUELS ET A D'AUTRES INSTITUTIONS.

SECTION 1re. *Associations et réunions publiques* (1).

I. EXTRAIT DU CODE PÉNAL.

(Livre III, Titre I, Chapitre III.)

SECTION VII. — Des associations ou réunions illicites.

ART. 294. — Nulle association de plus de vingt personnes, dont le but sera de se réunir tous les jours ou à certains jours marqués pour s'occuper d'objets religieux, littéraires, politiques ou autres, ne pourra se former qu'avec l'agrément du Gouvernement et sous les conditions qu'il plaira à l'autorité publique d'imposer à la Société (2).

Dans le nombre de personnes indiqué par le présent article, ne sont pas comprises celles domiciliées dans la maison où l'association se réunit.

(1) Cette section contient les lois de police auxquelles sont plus spécialement soumises les Sociétés de secours mutuels *privées.*

(2) Le Ministre ou le Préfet, en autorisant une Société de secours mutuels *privée*, peut, par conséquent, lui imposer toutes les conditions qu'il juge convenables.

ART. 292. — Toute association de la nature ci-dessus exprimée qui se sera formée sans autorisation, ou qui, après l'avoir obtenue, aura enfreint les conditions à elle imposées, sera dissoute (1). — Les chefs, directeurs ou administrateurs de l'association, seront en outre punis d'une amende de 16 fr. à 200 fr. (2).

ART. 294. — Tout individu qui, sans la permission de l'autorité municipale, aura accordé ou consenti l'usage de sa maison ou de son appartement, en tout ou en partie, pour la réunion des membres d'une association même autorisée, ou pour l'exercice d'un culte, sera puni d'une amende de 16 fr. à 200 fr.

II. LOI sur les Associations.

(Articles encore en vigueur.)

—

Du 10 avril 1834.

—

LOUIS-PHILIPPE, ROI DES FRANÇAIS, à tous présents et à venir, SALUT ;

Nous avons proposé, les Chambres ont adopté, nous avons ordonné et ordonnons ce qui suit :

---

(1) Nous avons déjà vu, page 50, note 1re, que la dissolution des Sociétés *privées* est prononcée par le Préfet ou le Ministre, et que le Conseil d'État n'est pas consulté.

(2) Ces peines sont aggravées par l'art. 2 de la loi du 10 avril 1834 (Voir ci-après, page 77), qui atteint non seulement les chefs, mais encore tous les membres de la Société non autorisée.

Art. 1ᵉʳ. — Les dispositions de l'art. 291 du Code pénal sont applicables aux associations de plus de vingt personnes, alors même que ces associations seraient partagées en sections d'un nombre moindre, et qu'elles ne se réuniraient pas tous les jours ou à des jours marqués.

L'autorisation donnée par le Gouvernement est toujours révocable (1).

Art. 2. — Quiconque fait partie d'une association non autorisée sera puni de deux mois à un an d'emprisonnement, et de 50 fr. à 1,000 d'amende (2).

En cas de récidive, les peines pourront être portées au double.

Le condamné pourra, dans ce dernier cas, être placé sous la surveillance de la haute police pendant un temps qui n'excédera pas le double du maximum de la peine.

L'art. 463 du Code pénal pourra être appliqué dans tous les cas (3).

Art. 3. — Seront considérés commes complices et punis comme tels, ceux qui auront prêté ou loué sciemment leur maison ou appartement pour une ou plusieurs réunions d'une association non autorisée.

(1) Les Sociétés de secours mutuels *privées* sont ainsi complètement à la discrétion de l'autorité supérieure, qui peut les dissoudre quand elle le juge à propos.

(2) L'art. 292 du Code pénal ne punissait que les chefs ou directeurs de l'association; l'art. 2 de la loi s'applique à tous les membres. Ainsi, les membres *honoraires* d'une Société privée seraient atteints comme les membres participants.

(3) C'est-à-dire que les Tribunaux peuvent admettre des circonstances atténuantes et modérer les peines édictées par cette loi.

III. DÉCRET DE L'ASSEMBLÉE NATIONALE sur les Clubs.

(Seul article en vigueur.)

———

Du 28 juillet 1848.

———

Art. 13. — Les sociétés secrètes sont interdites. Ceux qui seront convaincus d'avoir fait partie d'une Société secrète seront punis d'une amende de 100 à 500 fr., d'un emprisonnement de six mois à deux ans, et de la privation des droits civiques d'un an à cinq ans.

Ces condamnations pourront être portées au double, contre les chefs ou fondateurs des dites Sociétés.

Ces peines seront prononcées sans préjudice de celles qui pourraient être encourues pour crimes ou délits prévus par les lois (1).

———

IV. DÉCRET qui abroge celui du 28 juillet 1848, à l'exception de l'art. 13, et déclare applicables aux réunions publiques le Code pénal et la loi du 10 avril 1834.

———

Du 25 mars 1852.

———

LOUIS-NAPOLÉON, président de la République,

(1) Le dernier paragraphe de l'art. 12 de la loi du 15 juillet 1850, applique les dispositions de cet article au cas de contravention aux arrêtés de dissolution des Sociétés de secours mutuels. — Voir page 30.

Vu les art. 291 et suivants du Code pénal, qui prononcent les peines applicables à ceux qui font partie des associations ou réunions illicites;

Vu la loi du 10 avril 1834, sur les associations;

Vu le décret du 28 juillet 1848, sur les clubs;

Sur le rapport du Ministre de la police générale ;

Considérant que le droit d'association et de réunion doit être réglementé de manière à empêcher le retour des désordres qui se sont produits sous le régime d'une législation insuffisante pour les prévenir ;

Qu'il est du devoir du Gouvernement d'apprécier et de prendre les mesures nécessaires pour qu'il puisse exercer sur toutes les réunions publiques une surveillance qui est la sauvegarde de l'ordre et de la sûreté de l'État;

Considérant que la loi du 22 juin 1849, suspensive du décret du 28 juillet 1840, ayant déjà reconnu le danger des clubs, avait décidé qu'un projet de loi serait présenté à l'Assemblée pour interdire les clubs et régler l'exercice du droit de réunion,

Décrète :

Art. 1er. — Le décret du 28 juillet 1848, sur les clubs, est abrogé, à l'exception toutefois de l'art. 13 de ce décret, qui interdit les sociétés secrètes.

Art. 2. — Les art. 291, 292 et 294 du Code pénal, et les art. 1, 2 et 3 de la loi du 10 avril 1834, seront applicables aux réunions publiques de quelque nature qu'elles soient.

Art. 3. — Le Ministre de la police générale est chargé de l'exécution du présent décret, qui sera inséré au Bulletin des lois.

Section 2. *Caisses d'Épargne*.

I. LOI relative aux Caisses d'épargne.

(Dispositions maintenues.)

Du 22 juin 1845.

LOUIS PHILIPPE, Roi des Français, à tous présents et à venir, salut,

Nous avons proposé, les Chambres ont adopté, Nous avons ordonné et ordonnons ce qui suit :

Art. 1er. — Les déposants aux caisses d'épargne pourront verser de un franc à trois cents francs par semaine (1).

---

(1) Les Sociétés de secours mutuels *privées* ne peuvent donc pas verser plus de 300 fr. à la fois. Il n'en est pas de même pour celles qui sont *reconnues* ou *approuvées*; une décision ministérielle du 9 février 1857 (*Bulletin des Sociétés de secours mutuels*, année 1857, page 55), autorise ces deux catégories de Sociétés à déposer, en un seul versement, autant de fois 300 fr. qu'elles ont de membres participants.

Lors du premier versement, le trésorier doit, pour les Sociétés reconnues ou approuvées, produire : 1° un exemplaire des statuts ; 2° une copie certifiée du décret ou de l'arrêté qui prononce la reconnaissance ou l'approbation ; 5° la justification du nombre des sociétaires. — Pour les Sociétés privées, il n'a besoin de fournir qu'un exemplaire des sta-

ART. 5. — Nul ne pourra avoir plus d'un livret dans la même caisse ou dans des caisses différentes, sous peine de perdre l'intérêt de la totalité des sommes déposées.

II. LOI sur les Caisses d'épargne.

Du 30 juin 1851.

L'ASSEMBLÉE NATIONALE A ADOPTÉ LA LOI dont la teneur suit :

ART. 1er. — A partir de la promulgation de la présente loi, aucun versement ne sera reçu par les caisses d'épargne, sur un compte dont le crédit aura atteint mille francs, soit par le capital, soit par l'accumulation des intérêts (1).

ART. 2. — Lorsque par suite du règlement annuel des intérêts, un compte excédera le maximum

---

tuts, indiquant l'autorisation donnée par le Préfet à la formation de la Société.

Quelques caisses d'épargne exigent également de toutes les associations un état portant les nom, prénoms, profession, demeure et signature de tous les membres composant le Conseil d'administration ou le bureau.

(1) Nous avons vu, dans la loi du 15 juillet 1850 et le décret du 26 mars 1852, que les comptes des Sociétés *reconnues* ou *approuvées* peuvent s'élever à autant de fois mille francs qu'elles ont de membres participants. Les Sociétés *privées* ne jouissent pas du même avantage, mais elles profitent des dispositions de l'art. 1 ci-après.

fixé par l'article précédent, si le déposant, pendant un délai de trois mois, n'a pas réduit son crédit au-dessous de cette limite, l'administration de la caisse d'épargne achètera, pour son compte, dix francs de rente en cinq pour cent de la dette inscrite, lorsque le prix sera au-dessous du pair, et en trois pour cent si le cours de la rente cinq pour cent dépasse cette limite. Cet achat aura lieu sans frais pour le déposant.

ART. 3. — Les remplaçants dans les armées de terre et de mer, continueront à être admis à déposer, en un seul versement, le prix stipulé dans l'acte de remplacement, à quelque somme qu'il s'élève.

Les marins portés sur les contrôles de l'inscription maritime continueront pareillement à être admis à déposer, en un seul versement, le montant de leur solde, décomptes et salaires, au moment soit de leur embarquement, soit de leur débarquement, à quelque somme qu'il s'élève.

Les dispositions de l'art. 2 seront appliquées à ces divers dépôts pour les ramener au maximum fixé par l'art. 1er. Toutefois, les remplaçants n'y seront soumis qu'à l'expiration de leur engagement.

ART. 4. — Les Sociétés de secours mutuels, autres que celles déclarées .établissements d'utilité publique, continueront à être admises à faire des versements ; mais le crédit de leur compte ne pourra pas excéder huit mille francs en capital et intérêts (1).

---

(1) Les Sociétés reconnues et les Sociétés approuvées jouissent, nous l'avons déjà vu sous l'art. 1er, d'avantages bien autrement considérables. Les dispositions de notre article 4 ne s'appliquent donc plus qu'aux Sociétés *privées ;* mais elles constituent pour elles un privilége réel, qui n'est

Lorsque ce maximum aura été atteint, les dispositions de l'art. 2 leur seront appliquées, et les achats effectués par l'administration de la caisse d'épargne, s'il y a lieu, seront de cent francs de rentes.

ART. 5. — Tout déposant dont le crédit sera de somme suffisante pour acheter dix francs de rentes au moins pourra faire opérer cet achat sans frais, par les soins de l'administration de la caisse d'épargne.

ART. 6. — Dans le cas où le déposant ne retirerait pas les titres de rentes achetés pour son compte, l'administration de la caisse d'épargne en restera dépositaire et recevra les semestres d'intérêts au crédit du titulaire.

ART. 7. — A partir du 1er janvier 1852, l'intérêt bonifié par la Caisse des dépôts et consignations sera fixé à quatre et demi pour cent (1).

La retenue à faire sur cet intérêt par les caisses d'épargne, pour leur frais de loyers et d'administration, est obligatoire pour un quart pour cent, et facultative pour un autre quart pour cent.

Toutefois, pour la caisse d'épargne de Paris, la retenue facultative sera de trois quarts pour cent, sans que la retenue totale puisse jamais excéder un pour cent (2).

ART. 8. — Un règlement d'administration publi-

point accordé aux autres associations, de quelque nature qu'elles soient, ne présentant pas le caractère de la mutualité.

(1) L'art. 1er de la loi du 7 mai 1853 a réduit cet intérêt à 4 pour cent. — Voir ci-après, page 85.

(2) Ainsi les intérêts que retirent les déposants varient, suivant les caisses, de 3 à 3 3/4 pour cent. Ils sont calculés

que, présenté par les Ministres des finances et du commerce, déterminera le mode de surveillance de la gestion et de la comptabilité des caisses d'épargne (1).

Art. 9. — Trois mois après la promulgation de la présente loi, les sommes antérieurement déposées, et qui excéderaient mille francs par livret, cesseront de produire intérêt jusqu'à ce qu'elles aient été ramenées au-dessous de ce maximum.

Les ayants droit aux remboursements résultant du paragraphe précédent pourront, pour les sommes qui leur sont dues, faire usage de la faculté accordée par l'art. 5.

Art. 10. — Les dispositions de la loi du 22 juin 1845, contraires à la présente loi, sont abrogées.

à partir du septième jour après le versement, et capitalisés à la fin de l'année.

Le délai pour les remboursements à faire aux déposants, par les caisses d'épargne, n'a pas été fixé par la loi, mais une instruction arrêtée par les deux Ministres des finances et du commerce, le 17 décembre 1852, a réglé ce délai comme suit : « Les Caisses d'épargne peuvent recevoir les demandes de remboursement tous les jours de la semaine; mais les bordereaux de ces demandes ne sont clos que le jour de la séance hebdomadaire du conseil d'administration, et les Caisses d'épargne ne sont tenues d'effectuer les remboursements que quinze jours après la clôture des bordereaux. »

(1) Il a été satisfait à cette prescription par un décret du 15 avril 1852, qu'il est inutile de reproduire ici, ses dispositions n'ayant pour objet que de régler les détails de la gestion et de la comptabilité des caisses d'épargne.

III. LOI relative aux Caisses d'épargne.

Du 7 mai 1853.

NAPOLÉON, par la grâce de Dieu et la volonté nationale, EMPEREUR DES FRANÇAIS, à tous présents et à venir, SALUT ;

Avons sanctionné et sanctionnons, promulgué et promulguons ce qui suit :

ART. 1er. — A partir du 1er juillet 1853, l'intérêt bonifié aux caisses d'épargne par la caisse des dépôts et consignations est fixé à quatre pour cent (1).

ART. 2. — Les comptes qui, ayant continué de dépasser mille francs, se trouveront encore, en vertu de l'art. 9 de la loi du 30 juin 1851, improductifs d'intérêts au 1er janvier 1854, seront à cette époque soumis aux dispositions de l'art. 2 de la même loi. En conséquence, il sera opéré à cette date, pour chacun de ces comptes, un achat de rentes dont la quotité soit suffisante pour les faire rentrer dans les limites déterminées par la loi.

ART. 3. — Les certificats de propriété, destinés aux retraits des fonds versés dans les caisses d'épargne doivent être délivrés dans les formes et suivant les règles prescrites par la loi du 28 floréal an VII (2).

(1) Il était auparavant de 4 1/2 pour cent, conformément à l'art. 7 de la loi du 30 juin 1851.

(2) L'art. 6 de cette loi est ainsi conçu : « En cas de mutation de rentes sur l'État autrement que par la vente du

ART. 4. — Lorsqu'il s'est écoulé un délai de trente ans, à partir tant du dernier versement ou remboursement que de tout achat de rente et de toute autre opération effectués à la demande des déposants, les sommes que détiennent les caisses d'épargne aux comptes de ceux-ci sont placées en rentes sur l'État, et les titres de ces rentes comme les titres de rentes achetées, soit en vertu de la loi du 22 juin 1845, soit en vertu de la loi du 30 juin 1851, à la demande des déposants ou d'office, sont remis à la caisse des dépôts et consignations pour le compte des déposants.

A partir du même moment, et jusqu'à la réclamation des déposants, le service des arrérages de la rente est suspendu.

Les reliquats des placements en rentes ci-dessus énoncés, et les sommes qui, à raison de leur insuffisance, n'auraient pu être converties en rentes sur

titre, le nouvel extrait d'inscription est délivré à l'ayant droit, sur le simple rapport de l'ancien état d'inscription, et d'un certificat de propriété, contenant ces nom, prénoms et domicile, la qualité en laquelle il procède, l'indication de sa portion dans la rente, et l'époque de sa jouissance. — Le certificat qui est rapporté, après avoir été dûment légalisé, est délivré par le notaire détenteur de la minute, lorsqu'il y a eu inventaire et partage, par acte public ou transmission gratuite, à titre entre-vifs ou par testament. Il l'est par le Juge de paix du domicile du décédé, sur l'attestation de deux citoyens, lorsqu'il n'existe aucun des dits actes en forme authentique. Si la mutation s'est opérée par jugement, le greffier dépositaire de la minute, délivre le certificat. — Quant aux successions ouvertes à l'étranger, les certificats, délivrés par les magistrats autorisés par les lois du pays, seront admis, lorsqu'ils seront rapportés dûment légalisés par l'agent de la République française. »

l'État, demeureront, à la même époque, acquis définitivement aux caisses d'épargne.

A l'égard des versements faits sous la condition
stipulée par le donateur, que le titulaire n'en pourra
disposer qu'après une époque déterminée, le délai
de trente ans ne court qu'à partir de cette époque.

A l'égard des sommes déposées pour le compte
des remplaçants dans les armées de terre et de mer,
le délai de trente ans ne court qu'à partir de l'expiration de leur engagement.

Dans tous les cas, les noms des déposants seront
publiés au *Moniteur* et dans la feuille d'Annonces
judiciaires de l'arrondissement où est située la caisse
d'épargne dépositaire, six mois avant l'expiration
du délai de trente ans fixé ci-dessus.

SECTION 3. *Caisse des retraites* (1).

**I. LOI qui crée, sous la garantie de l'État, une Caisse de
retraites ou rentes viagères pour la vieillesse.**

(Articles maintenus en totalité ou en partie)

Du 18 juin 1850.

L'ASSEMBLÉE NATIONALE A ADOPTÉ LA LOI dont la
teneur suit :

(1) Le décret du 26 avril 1856 ne concernant pas les Socié-

Art. 1ᵉʳ. — Il est créé, sous la garantie de l'État, une caisse de retraites ou rentes viagères pour la vieillesse.

Art. 2. — Le capital de ces retraites est formé par les versements volontaires des déposants effectués à la caisse des dépôts et consignations (1).

Art. 3. — Le montant de la rente viagère à servir sera fixé conformément à des tarifs, tenant compte pour chaque versement :

1° De l'intérêt composé du capital à raison de 5 p. 100 par an (2) ;

2° Des chances de mortalité en raison de l'âge des déposants et de l'âge auquel commence la retraite, calculées d'après les tables dites de Déparcieux ;

3° Du remboursement, au décès, du capital versé, si le déposant en a fait la demande au moment du versement (3).

Art. 4. — Les versements peuvent être faits au

tés *privées*, c'est uniquement à la législation que nous allons reproduire et commenter dans cette section qu'elles doivent demander les règles à suivre pour assurer des pensions de retraite à leurs vieillards.

Quant aux Sociétés *approuvées* ou *reconnues*, nous avons déjà dit que le décret de 1856 laisse subsister en entier la faculté qu'elles ont de s'adresser directement à la caisse des retraites.

(1) Les versements peuvent être interrompus ou continués au gré des déposants, chaque versement donnant lieu à une liquidation distincte.

(2) L'intérêt a été réduit à 4 et demi pour cent par l'art. 2 de la loi du 12 juin 1861. — Voir ci-après, page 91.

(3) Le déposant peut, à son choix, abandonner à la caisse les sommes par lui versées ou les réserver à ses héritiers.

profit de toute personne âgée de plus de trois ans (1).

Les versements opérés par les mineurs âgés de moins de dix-huit ans devront être autorisés par leur père, mère ou tuteur.

Le versement opéré antérieurement au mariage reste propre à celui qui l'a fait.

Le versement fait pendant le mariage par l'un des deux conjoints profite séparément à chacun d'eux par moitié (2).

En cas de séparation de corps ou de biens, le versement postérieur profite séparément à l'époux qui l'a opéré.

En cas d'absence ou d'éloignement d'un des deux conjoints depuis plus d'une année, le juge de paix pourra, suivant les circonstances, accorder l'autorisation de faire des versements au profit exclusif du déposant.

Sa décision pourra être frappée d'appel devant la chambre du conseil.

Art. 5. — Il ne pourra être inscrit sur la même tête une rente viagère supérieure à six cents francs (3).

Ces rentes sont incessibles et insaisissables jusqu'à concurrence seulement de trois cent soixante francs (4).

(1) Qu'elle soit française ou étrangère. — Voir ci-après l'art. 3 de la loi du 12 juin 1861, page 91.

(2) Le déposant ne pourrait pas priver son conjoint du bénéfice de cette disposition, même avec le consentement de celui-ci. Il ne pourrait pas non plus y renoncer pour lui-même.

(3) Ce paragraphe est modifié par l'art. 4 de la loi du 12 juin 1861, qui a porté le maximum de la rente à 1,000 fr. — Voir ci-après, page 92.

(4) Un membre d'une Société de secours mutuels de la

Les arrérages seront payés par trimestre.

ART. 6. — L'entrée en jouissance de la pension sera fixée, au choix des déposants, de cinquante à soixante ans (1).

Dans le cas cependant de blessures graves ou d'infirmités prématurées, régulièrement constatées, entraînant incapacité absolue de travail, la pension pourra être liquidée même avant cinquante ans, et en proportion des versements faits avant cette époque.

ART. 9. — Il sera remis à chaque déposant un livret sur lequel seront inscrits les versements par lui effectués et les rentes viagères correspondantes.

ART. 11. — Les certificats, actes de notoriété et autres pièces exclusivement relatives à l'exécution de la présente loi, seront délivrés gratuitement et dispensés des droits de timbre et d'enregistrement (2).

ART. 12. — La caisse des retraites sera gérée par l'administration de la caisse des dépôts et consignations.

ART. 13. — Il sera formé, auprès du Ministre de l'agriculture et du commerce, une commission

---

Gironde, qui est titulaire d'une pension de retraite de 54 fr., ayant voulu renoncer à cette pension et demandé l'annulation du titre, M. le Ministre de l'intérieur a répondu que, d'après l'art. 5 de la loi du 18 juin 1850, les pensions de retraite étant *incessibles* et insaisissables, l'annulation du titre de rente et le retour au fonds de retraite de la Société du capital de cette rente ne pouvaient être autorisés.

(1) Modifié par l'art. 6 de la loi du 12 juin 1861, qui a porté la limite d'âge à 65 ans. — Voir ci-après, page 95.

(2) Ils sont, par conséquent, visés pour timbre et enregistrés gratis. — Voir ce que nous avons déjà dit, à ce sujet, page 45, note 1, paragraphe 1er.

chargée de l'examen de toutes les questions relatives à la caisse des retraites (1).

II. LOI relative à la Caisse des retraites pour la vieillesse.

—

Du 12 juin 1861.

—

NAPOLÉON, par la grâce de Dieu et la volonté nationale, EMPEREUR DES FRANÇAIS, à tous présents et à venir, SALUT ;

Avons sanctionné et sanctionnons, promulgué et promulguons ce qui suit :

ART. 1er. — Les versements à la caisse des retraites ou rentes viagères pour la vieillesse, instituée par la loi du 18 juin 1850, doivent être de cinq francs au moins et sans fraction de franc.

ART. 2. — L'intérêt composé du capital, dont il est tenu compte dans les tarifs d'après lesquels est fixé le montant de la rente viagère à servir, en conformité de l'art. 3 de la susdite loi, est calculé à quatre et demi pour cent (2).

ART. 3. — Les étrangers seront admis à faire des versements à la caisse des retraites pour la vieil-

----

(1) Le reste de cet article est remplacé par l'art. 15 de la loi du 12 juin 1861. — Voir ci-après, page 95.

(2) Il avait été primitivement fixé à 5 pour 100.

lesse, aux mêmes conditions que les nationaux (1).

Art. 4. — Le maximum de la rente viagère que la caisse des retraites est autorisée à faire inscrire sur la même tête, est fixé à 1,000 francs (2).

Art. 5. — Les sommes versées dans une année, au compte de la même personne, ne peuvent excéder 3,000 francs (3).

Les versements effectués, soit en vertu de décisions judiciaires, soit par les administrations publiques, par les Sociétés de secours mutuels (4)

(1) Auparavant les étrangers ne pouvaient faire de versements, que lorsqu'ils avaient été admis à jouir des droits civils, conformément à l'art. 13 du Code Napoléon.

(2) Porté à 1,500 fr. par la loi du 4 Mai 1864. — Voir ci-après, page 108.

(3) Maintenant 4,000 fr. — Voir ci-après, page 108.

(4) Les Sociétés de secours mutuels des trois catégories sont appelées à intervenir auprès de la caisse des retraites, dans l'intérêt de leurs membres participants, de deux manières différentes : 1° comme *intermédiaires*, c'est-à-dire en transmettant officieusement à la caisse, par les soins du conseil d'administration ou du bureau, les sommes que les sociétaires veulent verser *personnellement* pour se constituer une pension de retraite ; — 2° comme *donatrices*, c'est-à-dire en effectuant, avec les fonds de la Société, des versements au profit des membres désignés par elle en assemblée générale.

Le privilège accordé aux associations mutuelles par le deuxième paragraphe de notre article 5 ne concerne que les Sociétés *donatrices ;* ce n'est qu'en cette qualité qu'elles ont le droit de verser, sur la tête de la même personne, en une seule fois ou dans le courant d'une même année, tout le capital nécessaire pour constituer une retraite dont le chiffre peut s'élever jusqu'à 1,500 fr. Lorsqu'elles n'agissent que comme *intermédiaires*, elles sont soumises aux dispositions du paragraphe premier de notre article, et ne peuvent verser, dans l'année, que 4,000 fr. au plus pour chaque individu.

Comme tous les autres donateurs, les Sociétés de secours

ou par les sociétés anonymes au profit de leurs employés, agents et ouvriers, ne sont pas soumis à
cette limite.

ART. 6. — L'entrée en jouissance de la pension
est fixée, au choix du déposant, à partir de chaque
année d'âge accomplie de cinquante à soixante-cinq
ans.

Les tarifs sont calculés jusqu'à ce dernier âge.

Les rentes viagères au profit des personnes âgées
de plus de soixante-cinq ans sont liquidées suivant
les tarifs déterminés pour cet âge.

ART. 7. — Le déposant qui a stipulé le remboursement à son décès du capital versé peut, à toute
époque, faire abandon de tout ou partie de ce capital, à l'effet d'obtenir une augmentation de rente,
sans qu'en aucun cas le montant total puisse excéder mille francs.

Le donateur qui a stipulé le retour du capital,
soit à son profit, soit au profit des ayants droit du
donataire, peut également, à toute époque, faire
l'abandon du capital, soit pour augmenter la rente
du donataire, soit pour se constituer à lui-même une
rente, si la réserve avait été stipulée à son profit.

ART. 8. — L'ayant droit à une rente viagère, qui
a fixé son entrée en jouissance à un âge inférieur à
soixante-cinq ans, peut, dans le trimestre qui précède l'ouverture de la rente, reporter sa jouissance
à une autre année d'âge accomplie (1), sans que,

mutuels, agissant en qualité de *donatrices*, peuvent également opérer des versements sur la tête de leurs membres
mariés, sans y faire participer les conjoints de ces sociè-
taires.

(1) Cette faculté donne le moyen d'obtenir une pension
plus élevée.

en aucun cas, la rente, augmentée d'après les tarifs
en vigueur, puisse excéder mille francs, ni qu'il y
ait lieu au remboursement d'une partie du capital
déposé.

ART. 9. — Au décès du titulaire de la rente, avant
ou après l'époque d'entrée en jouissance, le capital
déposé est remboursé sans intérêt aux ayants droit,
si la réserve a été faite au moment du dépôt, ou s'il
n'a pas été fait usage de la faculté accordée par
l'art. 7 qui précède.

Les certificats de propriétés destinés aux retraits
de fonds versés dans la caisse des retraites de la
vieillesse doivent être délivrés dans les formes et
suivant les règles prescrites par la loi du 28 floréal
an VII (1).

ART. 10. — Le capital réservé reste acquis à la
caisse des retraites, en cas de déshérence ou par
l'effet de la prescription, s'il n'a pas été réclamé
dans les trente années qui auront suivi le décès du
titulaire de la rente.

ART. 11. — Est remboursée sans intérêt, par la
caisse, toute somme versée irrégulièrement par
suite de fausse déclaration sur les noms, qualités
civiles et âges des déposants, ou par défaut d'autorisation.

Sont également remboursées, sans intérêt, les
sommes qui, lors de la liquidation définitive, seraient insuffisantes pour produire une rente viagère

(1) Nous avons déjà reproduit l'art. 6 de cette loi à l'occasion des caisses d'épargne. — Voir page 86, note 1. —
Les certificats relatifs à la caisse des retraites doivent de
plus, aux termes de l'art. 11 de la loi du 18 juin 1850, être
délivrés gratuitement et sur papier non timbré ou visé pour
timbre gratis.

de cinq francs, ou qui dépasseraient, soit la somme de trois mille francs par année, soit le capital nécessaire pour constituer une rente de mille francs.

Art. 12. — Toutes les recettes disponibles provenant, soit des versements des déposants, soit des intérêts perçus par la caisse, sont successivement, et dans les huit jours au plus tard, employées en achat de rentes sur l'État.

Ces rentes sont inscrites au nom de la caisse des retraites.

Art. 13. — Tous les trois mois, la caisse des dépôts et consignations fait inscrire sur le grand-livre de la dette publique les rentes viagères liquidées pendant le trimestre au nom des ayants droit. Elle fait transférer, aux mêmes époques, au nom de la caisse d'amortissement, par un prélèvement sur le compte de la caisse de retraites, la quotité de rentes sur l'État nécessaire pour produire, au cours moyen des achats opérés pendant le trimestre, un capital équivalant à la valeur, d'après le tarif, des rentes viagères à inscrire.

Art. 14. — Les rentes ainsi transférées à la caisse d'amortissement sont annulées.

Art. 15. — La commission supérieure chargée, conformément à l'art. 13 de la loi du 18 juin 1850, de l'examen des questions relatives à la caisse des retraites, est composée de quinze membres, nommés pour trois ans, par décret impérial, sur la proposition des Ministres des finances et de l'agriculture, du commerce et des travaux publics. Elle présente, chaque année, à l'Empereur un rapport sur la situation morale et matérielle de la caisse des retraites, lequel est communiqué au Corps législatif.

Art. 16. — Sont abrogées les lois des 28 mai

1853 et 7 juillet 1856, ainsi que toutes autres dispositions qui seraient contraires à la présente loi.

III. DÉCRET IMPÉRIAL portant règlement sur la Caisse des retraites pour la vieillesse.

Du 27 juillet 1861.

NAPOLÉON, par la grâce de Dieu et la volonté nationale, EMPEREUR DES FRANÇAIS, à tous présents et à venir, SALUT;

Sur le rapport de notre Ministre de l'agriculture, du commerce et des travaux publics;

Vu les lois des 18 juin 1850 et 12 juin 1861, et nos décrets des 18 août 1853 et 10 septembre 1859, sur la caisse de retraites pour la vieillesse;

Notre conseil d'État entendu,

Avons décrété et décrétons ce qui suit:

ART. 1er. — Les versements de cinq francs au moins, et sans fraction de franc, sont reçus, à Paris, par la caisse des dépôts et consignations, et, dans les départements, par les receveurs généraux et particuliers des finances, préposés de cette caisse.

Lorsque, le déposant étant marié, le versement doit, conformément au paragraphe 4 de l'art. 4 de la loi du 18 juin 1850, profiter par moitié à son conjoint, aucun versement n'est reçu s'il n'est de dix francs au moins et multiple de deux francs.

Lorsque l'un des époux a atteint le maximum de

rente viagère fixé par l'art. 4 de la loi du 12 juin
1861 (1), les versements ultérieurs peuvent avoir
lieu, jusqu'à la même limite, au profit exclusif de
l'autre conjoint.

Art. 2. — Tout déposant qui, soit par lui-même,
soit par un intermédiaire, opère un premier versement, fait connaître ses nom, prénoms, qualités
civiles, âge, profession et domicile.

Il produit son acte de naissance, ou, à défaut,
un acte de notoriété qui en tienne lieu, délivré dans
les formes prescrites par l'art. 71 du Code Napo-
poléon (2).

Il déclare :

S'il entend faire l'abandon du capital versé, ou
s'il veut que ce capital soit remboursé, lors de son
décès, à ses ayants-droit ;

A quelle année d'âge accomplie, à partir de la

(1) Modifié par la loi du 4 mai 1864. — Voir ci-après,
page 108.

(2) Cet acte de notoriété est délivré par le Juge de paix
du lieu de la naissance du déposant ou de son domicile.

L'art. 71 du Code Napoléon est ainsi conçu : « L'acte de
notoriété contiendra la déclaration faite par sept témoins,
de l'un ou de l'autre sexe, parents ou non parents, des prénoms, nom, profession et domicile du futur époux (*ou du
déposant, dans le cas actuel*), et de ceux de ses père et
mère, s'ils sont connus; le lieu, et, autant que possible, l'é-
poque de sa naissance, et les causes qui empêchent d'en
rapporter l'acte. Les témoins signeront l'acte de notoriété
avec le Juge de paix ; et, s'il en est qui ne puissent ou ne
sachent signer, il en sera fait mention. »

Aux termes de l'art. 11 de la loi du 18 juin 1850 (Voir
page 90), les actes de notoriété relatifs à la caisse de retraites doivent être délivrés *gratuitement* et visés pour timbre et enregistrés *gratis*. Ils devront, pour cela, contenir la
mention expresse de l'usage auquel ils seront destinés, et ils
ne pourront servir à autre chose.

6

cinquantième année, il a l'intention d'entrer en jouissance de la rente viagère.

ART. 3. — Si le déposant est marié, il fait, en ce
qui concerne son conjoint, les productions et déclarations énoncées dans l'art. précédent.

A défaut de déclaration sur l'abandon ou la réserve du capital et sur l'âge fixé pour entrer en
jouissance, les conditions de la déclaration que le
déposant fait pour lui-même deviennent communes
à son conjoint.

Dans le cas prévu au sixième paragraphe de l'art. 4
de la loi du 18 juin 1850, le déposant produit l'autorisation accordée par le juge de paix ou par la
chambre du conseil.

ART. 4. — En cas de séparation de corps ou de
biens, le déposant n'est tenu de produire que l'extrait du contrat de mariage ou du jugement qui a
prononcé la séparation.

L'extrait du jugement doit être accompagné des
certificat et attestation prescrits par l'art. 548 du
Code de procédure civile (1), et, en outre, dans le
cas prévu par l'art. 1444 du Code Napoléon (2), des

(1) Cet article est ainsi conçu : « Les jugements qui prononcent une main-levée, une radiation d'inscription hypo-
thécaire, un paiement, ou quelque autre chose à faire par un
tiers ou à sa charge, ne seront exécutoires par les tiers ou
contre eux, même après les délais de l'opposition ou de l'appel, que sur le certificat de l'avoué de la partie poursuivante,
contenant la date de la signification du jugement faite au domicile de la partie condamnée, et sur l'attestation du greffier
constatant qu'il n'existe contre le jugement ni opposition ni
appel. »

(2) Cet article est ainsi conçu : « La séparation de biens,
quoique prononcée en justice, est nulle si elle n'a point été
exécutée par le paiement réel des droits et reprises de la

justifications établissant que la séparation de biens
a été exécutée.

Art. 5. — Le mineur âgé de moins de dix-huit
ans doit justifier que le versement par lui effectué,
la désignation de l'âge auquel il veut entrer en jouissance de la rente viagère, et la condition d'abandon
ou de réserve du capital, ont été autorisés par ses
père, mère ou tuteur.

L'autorisation peut être donnée d'une manière
générale pour tous les versements que le mineur
effectuera; elle est toujours révocable.

Si le mineur n'a ni père, ni mère, ni tuteur, ou
en cas d'empêchement de celui qui aurait qualité
pour l'autoriser, il peut y être suppléé par le juge
de paix.

Art. 6. — S'il survient un changement dans les
qualités civiles du déposant, il est tenu de le décla-
rer au premier versement qui suit.

Il produit, en même temps, les justifications qui
pourraient être nécessaires pour constater le changement survenu.

Art. 7. — Si un déposant veut soumettre de nouveaux versements à des conditions autres que celles
qu'il a fixées pour ses versements antérieurs, il est
tenu d'en faire la déclaration.

Tous les versements faits avant cette nouvelle
déclaration restent soumis aux conditions des déclarations précédentes.

Art. 8. — Dans le cas où le versement est effec-

femme, effectué par acte authentique, jusqu'à concurrence
des biens du mari, ou au moins par des poursuites commen-
cées dans la quinzaine qui a suivi le jugement, et non inter-
rompues depuis. »

tué par un tiers, et de ses deniers, les déclarations et productions exigées par les art. 2, 6 et 7 doivent être faites en ce qui concerne le titulaire de la rente.

Si le versement a lieu au profit d'une femme mariée, le consentement du mari doit, en outre, être produit (1).

Le tiers donateur doit, indépendamment des déclarations et productions ci-dessus, faire connaître s'il entend stipuler en sa faveur le remboursement du capital au décès du titulaire de la rente, ou s'il fait cette réserve au profit des ayants droit de celui-ci, en indiquant si cette réserve est ou non subordonnée à la faculté par le titulaire d'aliéner le capital réservé.

Il peut être délivré au donateur, sur sa demande, un certificat constatant la réserve du capital à son profit.

ART. 9. — Les déclarations prescrites par les art. 2, 3, 6, 7 et 8 sont consignées sur une feuille spéciale pour chaque déposant. Cette feuille est signée par le déposant ou par son intermédiaire, ainsi que par le caissier de la caisse des dépôts et consignations, à Paris et dans le département de la Seine, et par le préposé de la caisse dans les autres départements (2).

Si le déposant ne sait pas signer, il en est fait mention.

Les pièces justificatives exigées ci-dessus sont annexées à la dite feuille. Les autorisations et con-

(1) Dans le cas d'absence ou de refus du mari, nous pensons que la femme pourrait se faire autoriser par le tribunal de première instance.

(2) Le receveur général ou le receveur particulier des finances.

sentements exigés par les art. 3, 5 et 8, peuvent y être consignés.

Art. 10. — Les feuilles spéciales et les pièces justificatives à l'appui sont réunies à la caisse des dépôts et consignations et y demeurent déposées.

Elles servent à l'établissement du registre matricule de tous les déposants, contenant le compte de chacun d'eux.

Art. 11. — Le livret qui doit être remis à chaque déposant, aux termes de l'art. 9 de la loi du 18 juin 1850, est émis par la caisse des dépôts et consignations; il est revêtu de son timbre.

Il porte un numéro d'ordre; il énonce, pour chaque titulaire, ses nom, prénoms, la date de sa naissance, ses profession, domicile, qualités civiles, et généralement tous les faits et conditions résultant des déclarations et productions prescrites par les art. 2 à 9 du présent règlement.

Le livret, ainsi que le compte correspondant inscrit au registre matricule, est disposé de manière qu'en cas de mariage, il puisse y être ouvert un compte pour chacun des conjoints.

Il contient, en outre, les dispositions législatives et réglementaires en vigueur.

Art. 12. — La délivrance du livret est faite, pour Paris et le département de la Seine, à la caisse des dépôts et consignations, et pour les autres départements, par les receveurs des finances, préposés à cette caisse (1).

Elle a lieu au moment du premier versement effectué.

Le livret peut être retiré et représenté, soit par le titulaire lui-même, soit par un intermédiaire.

_____

(1) Le prix du livret est de 25 centimes.

En cas de perte du livret, il est pourvu à son remplacement dans les formes prescrites pour le remplacement d'un titre de rente sur l'État (1).

Les rentes à jouissance immédiate, créées au profit de membres de Sociétés de secours mutuels, en vertu du décret du 26 avril 1856, ne donnent pas lieu à l'émission de livrets.

ART. 13. — Le montant de chaque versement est constaté par un enregistrement porté au livret et signé par le caissier ou le préposé qui reçoit le versement.

Cet enregistrement ne porte titre envers l'État qu'à la charge par le déposant de soumettre, dans les vingt-quatre heures de la date du versement, le livret, à Paris et dans le département de la Seine, au visa du contrôleur près la caisse des dépôts et consignations, et, dans les autres départements, au visa du Préfet ou du Sous-Préfet.

ART. 14. — L'intermédiaire qui verse dans l'intérêt de plusieurs déposants dresse un bordereau en double expédition des sommes versées pour chacun d'eux.

Des bordereaux distincts doivent être dressés pour les nouveaux et pour les anciens déposants.

Ils doivent indiquer, en regard des sommes versées :

(1) Ce remplacement est opéré par le Directeur général de la caisse des dépôts et consignations, sur la demande du titulaire et la production d'une déclaration dans la forme prescrite par l'art. 2 du décret impérial du 5 messidor an XII, ainsi conçu : « Art. 2. Les rentiers qui auraient perdu leurs extraits d'inscription, en feront la déclaration devant le Maire de la commune de leur domicile. — Cette déclaration, faite en présence de deux témoins qui constateront l'individualité du déclarant, sera assujétie au droit fixe d'enregistrement d'un franc. »

1º Pour les nouveaux déposants, les nom et prénoms, avec production des feuilles de déclarations et des pièces justificatives mentionnées dans les art. 2, 3, 4, 5 et 8;

2º Et pour les anciens déposants, le nom et le numéro du livret, avec production des livrets et des feuilles de déclarations, accompagnées des pièces justificatives à l'appui, dans le cas prévu par les art. 6, 7 et 8.

Dans les cas de donation, mention doit en être faite sur les bordereaux.

Le caissier de la caisse des dépôts et consignations, en ce qui concerne Paris et le département de la Seine, les préposés de cette caisse, dans les autres départements, donnent quittance du versement sur l'une des expéditions du bordereau.

Cette quittance ne forme titre envers l'État qu'à la charge, par l'intermédiaire qui fait le versement, de la soumettre dans les vingt-quatre heures de sa date, à Paris et dans le département de la Seine, au visa du contrôleur près la caisse des dépôts et consignations, et, dans les autres départements, au visa du Préfet ou du Sous-Préfet.

Le comptable dans la caisse duquel le versement a été opéré enregistre, sur chacun des livrets auxquels le versement est applicable, la somme versée par le titulaire du livret.

Cet enregistrement est soumis, à Paris et dans le département de la Seine, au visa du contrôleur près la caisse des dépôts et consignations, et, dans les autres départements, au visa du Préfet ou du Sous-Préfet.

Art. 15. — Les Préfets et les Sous-Préfets relèvent, sur un registre spécial, les sommes enregistrées aux bordereaux et livrets, et adressent, tous les mois, un extrait du dit registre, tant à la caisse des dépôts et consignations qu'au Ministre des finances, pour servir d'élément de contrôle.

ART. 16. — Trois mois après le versement effectué, le déposant ou le porteur de son livret a le droit de demander l'inscription sur le livret de la rente viagère correspondante.

A l'époque de l'entrée en jouissance de la rente viagère, le montant en sera définitivement fixé et inscrit au grand-livre de la dette publique, conformément aux règles de la comptabilité publique.

A cet effet, le titulaire du livret devra en faire l'envoi au directeur général de la caisse des dépôts et consignations, en l'accompagnant de son certificat de vie (1).

ART. 17. — Le déposant qui veut profiter de la faculté qui lui est accordée par les art. 7 et 8 de la loi du 12 juin 1861, soit de faire l'abandon de tout ou partie du capital réservé, soit de reporter à une autre année d'âge accomplie la jouissance de sa rente, doit constater son intention par une déclaration.

Dans le cas d'abandon d'un capital réservé, cette déclaration doit être signée par la partie intéressée ou par son mandataire spécial.

Cet abandon ne peut jamais donner lieu au remboursement anticipé d'une partie du capital déposé.

ART. 18. — Dans le cas prévu par l'art. 6 de la loi du 18 juin 1850, les blessures graves ou infirmités prématurées, susceptibles de faire obtenir aux

(1) Voir pour la délivrance des certificats de vie, l'art. 28 ci-après, page 107.

déposants à la caisse des retraites la liquidation de leur pension avant l'âge de cinquante ans (1), sont constatées au moyen :

1º D'un certificat émané des médecins qui ont donné leurs soins aux déposants;

2º D'une attestation émanée de l'autorité munici-pale : à Paris, cette attestation est délivrée par le commissaire de police;

3º D'un certificat émané d'un médecin désigné par le Préfet ou Sous-Préfet et assermenté.

Art. 19. — Indépendamment des pièces mention-nées à l'art. 18, les déposants dont la profession déclarée emporte rémunération, à quelque titre que ce soit, par l'État, les départements, les com-munes ou les établissements publics, doivent justi-fier, par une pièce émanée de leurs supérieurs, qu'ils ont cessé d'occuper leur emploi ou leur fonc-tion.

Art. 20. — Les certificats et attestations men-tionnés à l'art. 18 doivent établir que les déposants sont dans l'incapacité absolue de travailler.

Art. 21. — Les demandes des déposants sont transmises, avec les pièces à l'appui, par les Préfets, dans les départements; et, à Paris, par le Préfet de police, au directeur général de la caisse des dé-pôts et consignations.

---

(1) La liquidation anticipée dont il s'agit ne peut être ré-clamée que pour les capitaux versés antérieurement aux blessures ou infirmités qui ont occasionné l'incapacité de travail. Une personne déjà infirme et incapable de travailler ne pourrait donc pas se fonder sur l'art. 6 de la loi du 18 juin 1850 pour faire des versements avec la condition d'entrer en jouissance de la rente avant l'âge de cinquante ans.

Art. 22. — Les rentes viagères inférieures à cinq francs peuvent, lors de la liquidation définitive, être réunies au montant de la rente à liquider ultérieurement, au profit du même titulaire, pour d'autres versements, sans que cette réunion puisse donner droit à un rappel d'arrérages.

Cette réunion sera opérée d'office, si le titulaire n'a pas demandé le remboursement du capital afférent aux dites rentes.

Art. 23. — En cas de veuvage, la femme, titulaire d'une rente viagère de la vieillesse, fait immatriculer son titre sous sa qualité de veuve, en justifiant du décès de son mari.

Art. 24. — Après l'inscription au Grand-Livre des rentes viagères définitivement liquidées, les livrets sont frappés d'un timbre constatant cette inscription, avant d'être rendus aux titulaires.

Art. 25. — Conformément aux art. 1974 et 1975 du Code Napoléon (1), toute somme versée au profit d'une personne morte au jour du versement ou atteinte de la maladie dont elle est morte dans les vingt jours du versement, est remboursée sans intérêts.

Art. 26. — Les tarifs dressés en exécution des art. 3 de la loi du 18 juin 1850 et 2 de la loi du 12 juin 1861, sont établis sur l'unité de franc et

(1) Ces deux articles sont ainsi conçus : « — Art. 1974. Tout contrat de rente viagère créée sur la tête d'une personne qui était morte au jour du contrat, ne produit aucun effet. » — « Art. 1975. Il en est de même du contrat par lequel la rente a été créée sur la tête d'une personne atteinte de la maladie dont elle est décédée dans les vingt jours de la date du contrat.

calculés par trimestre pour le versement, et par année pour la jouissance.

ART. 27. — Pour l'application des tarifs, les trimestres commencent les 1ᵉʳ janvier, 1ᵉʳ avril, 1ᵉʳ juillet et 1ᵉʳ octobre.

L'âge du déposant est calculé comme si ce déposant était né le premier jour du trimestre qui a suivi la date de la naissance.

L'intérêt de tout versement n'est compté qu'à partir du premier jour du trimestre qui suit la date du versement.

La rente viagère commence à courir du premier jour du trimestre qui suit celui dans lequel le déposant a accompli l'année d'âge à laquelle il aura déclaré vouloir entrer en jouissance de la rente.

L'année d'âge est toujours considérée comme accomplie pour les déposants âgés de plus de soixante-cinq ans.

ART. 28. — Les certificats de vie à produire, soit pour l'inscription des rentes viagères de la vieillesse, soit pour le paiement des arrérages des dites rentes, sont exemptés des droits de timbre et peuvent être délivrés, soit par les Notaires, soit par le Maire de la résidence du rentier.

(1) Les imprimés sur lesquels ces certificats doivent être délivrés sont fournis gratuitement par les *Payeurs du Trésor public*, dans les attributions desquels se trouve le paiement des retraites ou rentes viagères pour la vieillesse, la mission de la Caisse des dépôts et consignations étant terminée lorsqu'elle a fait remise au rentier du titre régulier d'inscription de sa pension sur le Grand-Livre de la Dette publique.

Les rentiers de la vieillesse peuvent recourir à l'intervention des Percepteurs pour faire parvenir au Payeur du dé-

Art. 29. — Les décrets des 18 août 1853 et 10 septembre 1859 sont et demeurent abrogés.

IV. LOI qui modifie celle du 12 juin 1861, relative à la Caisse des retraites pour la vieillesse.

Du 4 mai 1864.

NAPOLÉON, par la grâce de Dieu et la volonté nationale, Empereur des Français, à tous présents et à venir, salut ;

Avons sanctionné et sanctionnons, promulgué et promulguons ce qui suit :

Art. unique. — Le maximum de la rente viagère que la caisse des retraites est autorisée à faire inscrire sur la même tête est fixé à 1,500 fr.

Les sommes versées dans une année, au compte de la même personne, ne peuvent excéder 4,000 francs.

partement leurs titres de rente et leurs certificats de vie, qui sont renvoyés ensuite dûment visés et estampillés, afin que le paiement des arrérages puisse avoir lieu sans déplacement pour les parties. (Circulaire de la Comptabilité générale du ministère des finances du 28 décembre 1854.)

Par décision du 14 juin 1861, M. le Ministre des Finances a autorisé la circulation en franchise, sous bandes, sous le couvert et le contre-seing des Maires d'une part et des Payeurs du trésor public d'autre part, des titres et des certificats de vie des rentiers de la caisse des retraites.

CHAPITRE IV.

JURISPRUDENCE RELATIVE AUX CONTESTATIONS ENTRE LES SOCIÉTÉS DE SECOURS MUTUELS ET LEURS MEM-BRES PARTICIPANTS.

Plus le nombre des Sociétés de secours mutuels augmente, plus le cercle de leur action s'élargit, et plus les intérêts qu'elles ont à satisfaire amènent de contestations entre elles et leurs membres partici-pants exclus, radiés, suspendus ou seulement mis à l'amende. Il est donc essentiel que chacun con-naisse parfaitement les règles à suivre en pareille matière, et la juridiction devant laquelle il doit procéder. Nous allons examiner, dans ce chapitre, les questions les plus importantes et les plus usuel-les ; leur solution mettra à même de résoudre toutes les autres.

I. Lorsque, par suite de l'application des statuts, une diffi-culté s'est élevée entre une Société de secours mutuels et un ou plusieurs de ses membres, la Société elle-même peut-elle juger souverainement la contestation ? — Dans le cas de la négative, la cause doit-elle être soumise à la décision de l'autorité administrative ou au jugement des tribunaux ordinaires ?

Ces deux questions, longtemps restées indécises, et qui avaient donné lieu, de la part de l'administra-tion, à des solutions contradictoires, ont été com-

7

plètement résolues dans les circonstances suivantes :

La Société de secours mutuels dite des Messageries Impériales, réunie en assemblée générale, ayant prononcé l'exclusion d'un de ses membres, le sieur Guiot, celui-ci intenta contre elle une action devant le tribunal civil de la Seine, pour obtenir sa réintégration. Sur cette assignation, le Président excipa de l'incompétence du tribunal, en se fondant sur ce que la Société n'ayant pas d'objet qui fût dans le commerce et qui pût servir d'élément pour une transaction civile ou commerciale, les difficultés entre elles et un de ses membres devaient être jugées par elle-même, souverainement, par application de son règlement.

Le tribunal civil de la Seine rendit, le 6 février 1857, un jugement ainsi conçu : « Attendu que Guiot, membre de la Société de prévoyance dite des Messageries Impériales, a souscrit, conformément à l'art. 25 de ses statuts, une déclaration par laquelle il s'est soumis au règlement adopté ; — Que, par délibération du 18 novembre 1855, il a été exclu de la Société ; — Qu'à la demande en réintégration formée par Guiot, la Société oppose l'exception d'incompétence ;

» Attendu que l'administration de la Société est incontestablement investie du pouvoir de faire exécuter son règlement ; mais qu'aucune disposition de cet acte ne lui confère le droit de décider souverainement les difficultés qui surgissent entre elle et un sociétaire ; — Que, d'ailleurs, une semblable disposition ne serait pas obligatoire ; — Qu'il suit de là que chaque sociétaire conserve la faculté de se pourvoir devant les tribunaux ordinaires contre l'application abusive des statuts faite à son préjudice ; — Que, dès lors, l'exception d'incompétence proposée par la Société, ne peut être accueillie,

» Se déclare compétent et retient la cause. »

Au fond, le tribunal ordonna la réintégration de Guiot et condamna la Société aux dépens.

La Société interjeta appel de ce jugement devant la Cour Impériale de Paris ; mais, le 14 mai 1858, le Préfet de police, sur l'invitation du Ministre de l'intérieur, proposa un déclinatoire, à l'effet de revendiquer la connaissance de l'affaire pour l'autorité administrative, en vertu des lois des 16-24 août 1790 et 16 fructidor an III, sur la séparation des pouvoirs administratif et judiciaire. Par arrêt du 9 juillet 1858, la Cour Impériale ayant rejeté le déclinatoire et retenu l'affaire, le Préfet de police fit déposer au greffe, le 23 du même mois, un arrêté de conflit, fondé, comme le déclinatoire, sur ce que les Sociétés de secours mutuels étaient des établissements de bienfaisance, et que leurs règlements étaient des actes administratifs dont l'interprétation ne pouvait appartenir qu'à l'autorité administrative.

Le Conseil d'État, par arrêté du 15 décembre 1858, statua en ces termes :

« Considérant que l'action intentée par le sieur Guiot contre la Société de prévoyance dite des Messageries Impériales, a pour objet de faire décider que c'est par une fausse application des art. 74 et 77 du règlement que l'assemblée générale a prononcé son exclusion, et, en conséquence, de faire ordonner qu'il sera réintégré parmi les membres de la dite Société, pour prendre rang à partir du jour de son admission, à la charge par lui de payer les cotisations mensuelles arriérées ; — Que, devant la

Cour de Paris, le Préfet de police a revendiqué la connaissance de cette demande par l'autorité administrative, en se fondant sur ce que la Société dont il s'agit serait une institution publique de bienfaisance, et que son règlement constituerait un acte administratif dont l'autorité judiciaire ne pourrait connaître sans violer les lois ci-dessus visées sur la séparation des pouvoirs;....

» Considérant que la Société de prévoyance, dite des Messageries Impériales, est une association de particuliers qui se sont réunis dans le but de s'assurer des secours pour le cas de maladie et pour le temps de la vieillesse; — Que, si cette Société n'a pu se constituer légalement qu'en vertu d'une autorisation qui lui a été donnée par le Ministre de l'intérieur, à la date du 28 septembre 1838, après la vérification et l'approbation de son règlement, l'exercice du droit d'autorisation et d'approbation qui appartenait au dit Ministre, dans un intérêt d'ordre public, n'a pu avoir pour effet de donner le caractère d'un établissement public de bienfaisance à la Société et celui d'acte administratif à son règlement;....

» Considérant, d'ailleurs, qu'aucune disposition législative n'a réservé à l'autorité administrative la connaissance des contestations qui peuvent s'élever entre les Sociétés de secours mutuels et les membres qui réclament contre l'exclusion dont ils ont été frappés par application des règlements; — Que, dès lors, c'est à tort que le Préfet de police a élevé le conflit d'attributions par son arrêté, en date du 22 juillet 1858;

» Art. 1er.— L'arrêté du conflit pris par le Préfet de police, à la date du 22 juillet 1858, est annulé. »

La question de compétence étant ainsi vidée, la cause revint devant la Cour Impériale de Paris, qui termina le procès par l'arrêt suivant :

« La Cour, faisant droit de l'appel interjeté contre le jugement du tribunal de première instance de la Seine, du 6 février 1857,

» Considérant que les membres de la Société de secours mutuels, dite des Messageries Impériales, ont librement souscrit aux statuts de la dite Société ; — Que l'exclusion de Guiot a été prononcée conformément à ces statuts et pour une cause que la convention avait prévue ; — Qu'ainsi, il ne peut y avoir lieu d'admettre la réintégration que Guiot demande à l'autorité judiciaire ;

» A mis et met l'appellation et ce dont est appel au néant ; émendant, décharge l'appelante des condamnations contre elle prononcées ; au principal, déboute l'intimé (Guiot) de ses demandes et conclusions, et le condamne aux dépens. »

Il résulte des décisions que nous venons de reproduire :

1° Que les Sociétés de secours mutuels n'ont pas qualité pour décider souverainement elles-mêmes sur les contestations qui peuvent s'élever entre elles et un ou plusieurs de leurs membres, relativement à l'application des statuts ;

2° Qu'à supposer même que les statuts aient investi la Société de ce droit, une semblable disposition ne serait point obligatoire ;

3° Que les contestations dont il s'agit ne sont pas non plus de la compétence de l'autorité administrative, et qu'elles doivent être déférées au tribunaux ordinaires.

En conséquence, si le litige n'excède pas la valeur

8

de 200 fr., il doit être porté devant le juge de paix du domicile de la Société défenderesse, et, s'il dépasse cette somme, devant le tribunal civil de l'arrondissement.

II. Les Sociétés de secours mutuels peuvent-elles exercer, devant les tribunaux, des poursuites contre les sociétaires arriérés pour le paiement des cotisations ou des amendes ?

Relativement à la compétence exclusive des tribunaux ordinaires dans les affaires de cette nature, l'arrêt du Conseil d'État, du 15 décembre 1858, que nous venons de rapporter (page 111), fixe définitivement la jurisprudence ; il ne peut donc plus y avoir de doute à cet égard.

Quant au fond de droit, la solution de la question dépend beaucoup des termes dans lesquels sont rédigés les statuts de chaque Société. Si le cas de non paiement des cotisations n'est pas prévu, on reste naturellement dans le droit commun et la faculté de réclamer les sommes arriérées est incontestable. Mais, en général, les statuts portent « que le sociétaire en retard pour le paiement de sa cotisation sera *privé de secours*, et qu'après un certain temps *il pourra être exclu ou radié.* » Dans ce cas, il faut faire une distinction. Si le sociétaire est simplement privé de secours, nous ne pensons pas qu'il puisse en résulter pour lui la libération de sa dette envers la Société. En effet, lorsqu'un sociétaire est admis il prend l'engagement de payer une cotisation mensuelle ou trimestrielle, en retour de laquelle il jouit des divers avantages matériels et moraux de l'association. S'il ne paie pas cette cotisation, les secours lui sont momentanément retirés, mais il ne reste pas moins membre de la Société; il prend part à ses délibérations, à son administration même, s'il est membre du Bureau; il conserve toujours son droit de co-propriété du fonds social, et il profite de tous les avantages moraux de l'association. La suspension momentanée des secours ne saurait donc l'affranchir du paiement des cotisations. Il n'en serait pas de même si le sociétaire avait été exclu ou radié par suite du défaut de paiement. Alors, évidemment, la Société ne pourrait pas être admise à lui réclamer les sommes dues, puisque cette infraction aux statuts serait l'unique motif de la peine prononcée contre lui, et que la Société aurait épuisé son droit en prononçant la radiation ou l'exclusion.

Nous disons l'*unique* motif, car si un membre participant était exclu ou radié pour toute autre cause, on pourrait lui réclamer le paiement de ses dettes envers l'association.

Nous croyons donc que les Sociétés ont le droit d'actionner, devant les tribunaux, les sociétaires débiteurs de cotisations ou d'amendes arriérées, et que ce droit ne cesse que dans le cas où, soit la radiation, soit l'exclusion, aurait été prononcé pour réprimer ce défaut de paiement.

III. Lorsque les statuts ne portent ni l'exclusion ni la radiation contre les membres qui ne paient pas leurs cotisations, la Société peut-elle radier ou exclure ces sociétaires?

Évidemment non. Une Société ne peut, même en assemblée générale, prononcer la moindre peine contre aucun de ses membres qu'en vertu des dispositions des statuts ; or, si les statuts ne permettent pas d'exclure ou de radier les sociétaires qui ne paient pas leurs dettes envers l'association, celle-ci ne peut prendre contre eux ces mesures coërcitives. Si donc les membres débiteurs ne consentaient pas à donner leur démission, le seul moyen de se débarrasser d'eux serait de faire prononcer, par les tribunaux ordinaires, leur exclusion pour défaut d'exécution de leurs engagements.

IV. Le sociétaire qui donne sa démission peut-il être contraint au paiement des cotisations ou des amendes dont il se trouve débiteur au moment où il quitte la Société ?

L'affirmative nous paraît incontestable. A l'obligation de remplir des engagements volontairement pris par le sociétaire, viennent s'ajouter les considérations suivantes. Les cotisations ne se paient que par mois ou par trimestre échu, les amendes ne sont réclamées non plus que quelque temps après avoir été encourues et appliquées ; ainsi, le sociétaire qui aurait, pendant un ou plusieurs mois, joui de tous les avantages de l'association, pourrait, en donnant sa démission, s'affranchir d'en supporter les charges, si l'on admettait que la Société ne fût pas recevable à lui demander, après sa sortie, le paiement des cotisations et des amendes arriérées. L'équité se refuse à consacrer une pareille prétention, et nous pensons que le droit de la Société est, dans ce cas, de la dernière évidence.

V. Les Sociétés de secours mutuels ont-elles besoin d'être autorisées par l'administration pour ester en justice?

La loi du 15 juillet 1850 ni le décret organique du 26 mars 1852 ne renferment à cet égard aucune disposition; mais une jurisprudence constante reconnaît aux associations mutuelles le droit de procéder sans autorisation. Cette jurisprudence a notamment été consacrée (dans une affaire relative à la Société de secours mutuels dite des *Cuisiniers de Paris*), par un jugement du tribunal de première instance de la Seine, en date du 22 février 1860, basé sur les motifs suivants (1) : « Attendu que les Sociétés de secours mutuels ne sont point des établissements d'utilité publique; que si elles sont soumises à certaines conditions et appelées à jouir de certains avantages déterminés par les lois qui régissent cette institution, elles n'en constituent pas moins de simples associations formées dans l'intérêt unique de ceux qui les composent, dans l'administration desquelles l'autorité gouvernementale n'intervient pas directement, mais seulement pour exercer une surveillance qui ne peut s'étendre en dehors des limites fixées par la législation spéciale qui les concerne; — Qu'il suit de là que les Sociétés de secours mutuels ou leurs présidents, en leur nom, n'ont pas besoin pour ester en justice d'être pourvus de l'autorisation administrative, qui n'est exigée par l'art. 1032 du Code de procédure civile, que pour les établissements pu-

(1) *Bulletin des Sociétés de secours mutuels,* année 1860, page 45.

blics, et qui n'est exigée pour les Sociétés de secours mutuels par aucune disposition particulière
et exceptionnelle. »

Il suffit, par conséquent, que les présidents des
Sociétés soient autorisés par l'assemblée générale,
ou par le bureau si c'est lui qui administre l'association.

**VI. Les Sociétés de secours mutuels peuvent-elles réclamer
des dommages-intérêts aux auteurs d'accidents, dont les
sociétaires sont victimes, et qui mettent à la charge de
l'association des frais de maladie ou autres?**

Nous ne le pensons pas. Pour que la Société pût
agir directement, il faudrait qu'elle fût subrogée à
tous les droits, recours et actions des sociétaires
contre les auteurs des accidents, ainsi que cela se
pratique pour les Compagnies d'assurance, dont les
polices contiennent ordinairement à cet égard une
clause spéciale. Cette subrogation pourrait avoir
lieu, soit d'une manière générale, dans les Statuts,
soit individuellement de la part du sociétaire blessé.

Dans le cas où la subrogation n'existerait pas,
rien n'empêcherait la Société d'assister *officieusement* le sociétaire dans ses poursuites contre l'auteur de l'accident dont il aurait été victime et de lui
prêter tout l'appui dont peuvent disposer le président et le bureau, sous la réserve expresse du remboursement des dépenses occasionnées à l'association par la maladie du sociétaire, dans le cas où
celui-ci obtiendrait gain de cause.

VII. La disposition des Statuts, qui défère à des arbitres le jugement de toutes les contestations qui s'élèvent au sein de la Société, est-elle valable ?

Pour éviter la fâcheuse extrémité de voir les tribunaux saisis des difficultés qui peuvent surgir dans le sein des Sociétés de secours mutuels, on a cru devoir insérer, dans la plupart des statuts, une clause qui soumet ces difficultés à deux arbitres désignés par les parties intéressées, et, s'il y a partage, à un tiers-arbitre nommé par les deux autres, ou, à leur défaut, par le président de la Société.

Cette disposition ne saurait être obligatoire ; si l'une des parties veut porter l'affaire devant la juridiction ordinaire, l'autre ne peut pas s'y opposer. En effet, il est de principe qu'il ne dépend point des particuliers de déroger, par voie réglementaire, à l'ordre des juridictions établies, et que la seule liberté que la loi leur laisse est de constituer des arbitres dans une contestation sur un point déterminé.

La jurisprudence a plusieurs fois consacré cette doctrine, à laquelle doivent se conformer les Sociétés de secours mutuels, qu'aucune disposition spéciale n'a soustraites, à cet égard, au régime du droit commun.

« Il est aujourd'hui, — dit M. Giraud, président du tribunal civil et de la société philanthropique de Niort (1), — hors de doute, ainsi que l'a jugé la chambre civile de la Cour de cassation, le 23 mai 1860, que l'art. 1006 du Code de procédure civile, qui exige, à peine de nullité, que le compro-

(1) *La Fraternité, journal des Sociétés de secours mutuels*, 2e année, livraison du 15 décembre 1864, page 89.

mis désigne les objets en litige, doit faire considérer comme nulle et non avenue toute clause des
statuts d'une association de prévoyance qui soumet
à des arbitres les contestations qui peuvent naître
ultérieurement entre les membres de cette association, contestations dont l'objet, encore inconnu, ne
peut être spécifié dans la clause compromissoire. »

Mais, si les Sociétés ne peuvent constituer à l'a-
vance un tribunal arbitral, elles sont parfaitement
libres, pour éviter les procès, de former un Comité
de conciliation. Voici, à cet égard, les articles que
contiennent les statuts de la Société Saint-Joseph
d'Arcachon :

« Art. 69. La Société a dans son sein un *Comité
de conciliation*, composé du Président et de quatre
membres élus par l'Assemblée générale, au scrutin
secret et à la majorité absolue, dans la séance du
mois d'avril de chaque année; ils sont pris parmi les
sociétaires ou les membres honoraires. Le secrétaire de la Société remplit les fonctions de secrétaire du Comité de conciliation.

« Art. 70. Le but du Comité est de concilier les
différends qui lui sont soumis, d'un commun accord,
par les membres de l'association, afin d'éviter que
des procès s'élèvent entre eux. Toute espèce de
contestations, qu'elles soient ou non relatives à la
Société, peuvent être portées devant lui, pourvu
qu'elles aient lieu entre sociétaires ou membres honoraires, et que les deux parties consentent à les
soumettre au Comité, qui ne rend d'ailleurs aucun
jugement, sa seule mission étant de terminer les
affaires par un arrangement amiable et sans frais. »

FIN.

INDEX ALPHABÉTIQUE

A

B

C

D

E

F

M

N

O

P

R

U

V

TABLE DES MATIÈRES

FIN DE LA TABLE.

Bordeaux, imp. de J. Delmas.

www.ingramcontent.com/pod-product-compliance
Lightning Source LLC
Chambersburg PA
CBHW062006200326
41519CB00017B/4699